序

我饶有兴味地读了《穿越历史看孔子》,感到这是一本相当不错的通俗读物,值得公开出版,推向社会。

该书以《史记·孔子世家》为经,以《论语》为纬,参考其他相关典籍,在叙述人物曲折经历的过程中介绍其思想,从而使孔子形象具有立体感和生动性,布局合理,方法可取。

作者把孔子定位为"我们的朋友、先辈和师长",并强调指出"他不是神",而是"情感丰富的普通人"。与目前流行的各种高论、怪论相比,这种看法更加平实可信。由于定位准确,作者在最后部分提出的应向孔子学习的几个方面,也都看得见、摸得着,可望可及,通过努力,就能做到。像这样实事求是地介绍孔子,才能真正地弘扬孔子精神,在青少年中更好地发挥应有的教育作用。

该书对孔子言行产生的历史背景进行了复原,可以帮助读者读懂《论语》,了解孔子的初衷。书中所勾勒的语境大都较为切当,与孔子的性格特点也相吻合。孔子的思想主要

体现在《论语》一书中。《穿越历史看孔子》所引《论语》各条，或以白话译出，或以己意阐释，大致都能忠实于原文，融汇了古今名家的意见，理解比较到位，没有主观臆断之嫌。为了通俗易懂和增加吸引力，作者除将文言转译为白话外，还穿插了一些轻松、俏皮甚至带调侃味道的语句。总体看来，这样做使严肃枯燥的话题变得生动活泼，同时又无伤大雅，符合青少年读者的需要，基本上是可取的。

对该书加以肯定，并不等于说我就完全赞成该书所持的立场和观点。最主要的是，作者认为，"儒家希望生在一个人人爱人、人人和谐的大同世界，大家相亲相爱像一家人快乐地生活"。这恐怕已经把儒家拔得太高了。事实上，儒家的理想是亲疏有别、尊卑有序的等级社会。他们认为，只有严格区分等级，社会才能稳定，粮食才能吃到统治者嘴里，不然，"虽有粟吾得而食诸"？由于作者对儒家倾注了过多的爱，所以该书也多讲仁、少言礼。谈到礼的时候，也把礼

说成是行为规范、礼节仪式、文化素养，根本不提它的别异，即区分等级的最本质的功能。于是，在作者的笔下，大儒"谨乎臣子而致贵其上"的一面没有了，孔子完全变成了"暖男"。作为一个严肃的史学文化作者，我是不赞成的。

当然，我也深知，在复古主义的大潮中，作者的观点是主流，我的思想已经跟不上形势了。所以，上边所言的两点，仅供作者和读者参考。

是为序。

赵世超

（中国先秦史学会副会长、陕西省社科联主席、陕西师范大学前校长，教授、博士研究生导师）

目录

给孔子画个像…………………… 1

第一章　孔子先祖的那些事

商纣王的"科学实验"…………… 5
你永远无法叫醒一个装睡的人…… 7
孔子为什么姓孔………………… 9
在姓氏中来一次寻根之旅……… 12
光荣的家族史…………………… 14
鲁国的"大力水手"……………… 15
"士"的标准……………………… 17

第二章　"启明星"的诞生

叔梁纥的家事…………………… 19
春秋版《非诚勿扰》……………… 20
"圣人"的诞生…………………… 22
如何取个好名字………………… 23
"长人"孔子……………………… 25
思想家扎堆的"文化轴心时代"… 26
四大思想家大"PK" …………… 27

第三章　和你不一样的童年

母亲的言传身教…………… 31
鲁国是个"学习型"国家………… 33
环境是把双刃剑…………… 34
"学霸"是怎样炼成的………… 36

第四章　"学霸"炼成之路

孔子的老师们……………… 41
大孝子郯子老师…………… 42
拜在顶级音乐大师门下……… 44
和小朋友玩一场"脑筋急转弯"… 45
老子的教诲………………… 47
十七岁的雨季……………… 50
让世界充满爱……………… 51
阳货是个什么"货"………… 55
艰难谋生努力学"礼"……… 57

第五章　到齐国打捞梦想

填饱肚子是很"Low"的境界…… 61
各国进入了"互掐模式"……… 63

孔子做官的标准……………… 64
成为"大V"的秘诀……………… 67
子产的华美"逆袭"……………… 69
"借鸡生蛋"炒作法……………… 72
一场斗鸡引发的血案…………… 74
快把"歌舞团"还给我…………… 75
去齐国碰碰运气………………… 78
"花样美男"齐景公……………… 81
被晏子"摆了一道"……………… 83
两大"毒舌"的交锋……………… 85

第六章 春秋时期第一"牛"校

"君子儒"和"小人儒"……………… 88
创办"青年政治学院"……………… 90
来者不拒的"开放大学"…………… 92
春秋时期第一名校………………… 94
樊迟为什么挨骂…………………… 96
到孔子学校上学要带多少钱……… 98
孔子的"班委会"………………… 101
颜回是个好班长………………… 102

副班长兼纪律委员子路…………… 105
生活委员子贡………………………… 106
文艺委员冉求………………………… 108
卫生委员樊迟………………………… 109
心理委员子夏………………………… 110
孔子的"课程表"…………………… 113
必修课"大六艺"…………………… 114
必修课"小六艺"…………………… 117

第七章　失败的"拆迁运动"

前倨后恭的阳货……………………… 121
和阳货的狭路相逢…………………… 123
"模范县长"的牛刀小试…………… 126
跻身"部级高官"行列……………… 128
神羊判案的传说……………………… 129
一场辉煌的外交胜利………………… 131
弱国真的无外交吗…………………… 134
孔子的"翩然而出"………………… 136
一场失败的"拆迁运动"…………… 138
齐国的离间计………………………… 140

美女来了，孔子走了……………… 143

第八章　十四年熬成"面霸"

"东西南北之人"………………… 147
孔子的"庶富教"的思想……… 149
卫灵公的"无间道"……………… 150
长得像阳货是一种罪过………… 152
孔子不肯"走后门"……………… 155
孔子的"绯闻"…………………… 158
孔子的"暗示"…………………… 159
卫国父子"互殴"………………… 161
中国文化的两个"守门人"…… 162
孔子也骂人……………………… 164
"丧家狗"的幽默………………… 167
春秋时期的"百度"……………… 168
被围于陈蔡……………………… 170
一堂影响深远的"班会课"…… 171
孔子会见叶公…………………… 175
孔子的"个人简历"……………… 176
梦想又成了泡影………………… 178

"楚狂"接舆的歌声……… 179
隐士都是些"大牛"……… 181
隐士的"围追堵截"……… 183
孔子的"公关策略"……… 185
不如归去……… 188

第九章　守护中国文化的"钢铁侠"

孔子晚年的三件事……… 191
孔子是个"老刺头"……… 192
别送孔子紫色裙子……… 194
骂了季康子三回……… 196
"开除"冉有的学籍……… 199
反对欺负小国……… 200
孔子的价值观……… 201
抢救中国古代文化……… 203
整理《诗经》……… 204
整理《乐》……… 207
孔子的担忧……… 208
"春秋笔法"写《春秋》……… 210
整理《书》《礼》……… 212

整理《易经》……………………… 213
抓了一头"四不像"……………… 215
抽查孔鲤的作业………………… 217
那个最爱我的人去了…………… 219
喜欢颜回的理由………………… 221
子路的牺牲……………………… 224
"折骨为刀"的侠客……………… 227
哲人的谢世……………………… 230
高山仰止的心灵导师…………… 232

今天,我们向孔子学什么…… 236
后记……………………………… 244
参考书目………………………… 249

给孔子画个像

孔子是谁?

孔子是春秋时期伟大的教育家、思想家和政治家。

孔子距离我们很远,他生活在两千五百年前春秋时代那遥远的历史深处。

孔子距离我们很近,穿过历史的云烟,他的思想依然滋润着炎黄子孙的心灵。

孔子很博学,他上知天文能预报天气,下知地理会考古挖掘,绝对算得上"最强大脑"的冠军。

孔子很谦虚,他认为三人中就有一个能做他的老师,他到处拜师学习,勤奋好学的精神奠定了他思想大师的地位。

孔子很高大,他虽不如姚明那样会打篮球,但擅长驾车射箭等体育运动,据说速度能追得上野兔。

孔子很伟大,他创办了中国历史上第一所私人学校,作为史上最牛的校长和导师,他的徒子徒孙遍布古今中外。

孔子很"悲催",他周游列国十四年,参加了很多次"面试",是不折不扣的"面霸",但不是坐冷板凳就是被炒鱿鱼。

孔子很"小资",他吃饭"挑食",穿着讲究,一言一行规矩很多,请他吃饭要特别小心翼翼。

孔子很"麦霸",他精通音乐,会作词能谱曲,听见别人歌唱得好,总会跟着别人学。

孔子很励志,他幼年丧父、少年丧母,家境贫寒,通过自学成才成为中华民族伟大的心灵导师。

孔子很坚强,他面对苦难百折不挠,"知其不可为而为之",是中华民族勇于进取精神的化身。

孔子很诚实,他知错就改,勇于自省,从不掩饰自己的错误和过失。

孔子很感性,他既是爱家爱国爱天下的政治家,又是爱哭爱笑爱幽默的平凡人。

孔子很知名,他是世界十大思想家之一,好多诺贝尔奖获得者都对他顶礼膜拜。

孔子很无奈,他心怀天下,梦想建立"小康社会"和"大同世界",但最终梦想破灭,孤独老去。

孔子很仁爱,他要我们爱自己爱父母爱别人,要我们学会换位思考宽容他人。

孔子是中国历史上既享受赞美又承受诋毁最多的人。

孔子是丰富多彩的多面体,他是诗人和歌者,做过法官和外交官，放过羊，算过账，是多才多艺的吹鼓手和主持人。

孔子是情感丰富的普通人，他高兴时手舞足蹈，忧伤时泪如雨下。他不是神，而是我们的朋友、师长和长辈。

孔子是心灵鸡汤的制造者。我敢打赌，你们家书房或学校教室的墙上，必定悬挂着孔子的名言。

总之，孔子是历史深处的圣人和智者，又是活在我们心中的朋友和老师。

关于孔子的故事，有很多传奇，请跟随我，穿越历史，走进孔子的世界吧。

第一章
孔子先祖的那些事

孔子，名丘，字仲尼。他是我国春秋时代的大思想家、大教育家和"半个政治家"。

孔子是一个没落贵族的子弟，也就是说，他们家曾经是贵族。用鲁迅先生笔下著名的"阿Q"的话说，就是"祖上曾经阔过"。但孔子很不走运，三岁时父亲叔梁纥（hé）去世，给孔子留下了高大的背影，却带走了并不高贵的背景。

因为，父亲叔梁纥只是一个低级贵族。不管怎么说，父亲的去世，意味着孔子"拼爹"时代的结束。清代大画家、"扬州八怪"之一的郑板桥曾经告诉儿子："淌自己的汗，吃自己的饭，自己的事情自己干，靠天靠地靠祖宗，不算是好汉。"这说明，"拼爹"的人是可耻的。孔子已经"无爹可拼"，但他靠着坚忍的意志、不懈的追求，自学成才，书写了中华民族思想史上的一个伟大传奇，成为数千年来中国人伟大的心灵导师。

中国传统文化非常重视寻根问祖，孔子的弟子曾参曾经说过，"慎终追远，民德归厚"[1]，要求我们谨慎地办理父母的丧事，怀着一颗虔诚的心去祭祀祖先。孔子也很为自己的祖先而自豪，他曾说自己是殷商后人，其实意思是说，他祖先做过商朝的国君。

那是一段多么辉煌、多么令人神往的历史啊！那么孔子的远祖是谁，他们身上又有哪些悲欢离合的故事呢？

商纣王的"科学实验"

孔子的先祖是商朝末代国君商纣王的哥哥，叫微子启。这说明，商纣王应该是孔子远古的族叔。商纣王是商朝最后一个国君，其实他的名字并不叫"纣"，他的正式名字叫"子辛"，也叫"子受"，登基之后叫"帝辛"。"纣"是后人送给他的名字，类似于西周时开始出现的谥号[2]。谥号是中国古代帝王、诸侯、大臣等具有一定地位的人死去之后，根据他们生前表现的好坏和道德修养的高低，给予或褒或贬的称号。"纣"在古文中含有凶恶不义的意思，可见商纣王是个凶狠无比的人。

---

[1] 见《论语·学而》。曾子曰："慎终追远，民德归厚矣。"
　　译文：曾子说："谨慎地对待父母的去世，恭敬地追念自己的祖先，老百姓自然就会归于忠厚老实了。"
[2] "谥号"制度的起源，传统说法是西周早期。王国维先生则认为"谥号"制度形成于西周中期。

对于谥号,我想告诉你们三件事。第一,你不能给身边的朋友取谥号,因为取谥号的权力基本上掌握在帝王的手里,你没有这个资格;第二,能够获得谥号的人,不是王公贵族就是位高权重者,你的朋友还没有这个资格;第三,谥号是死后才可以获得的,谁也不想好端端活着就有个谥号。

一个王朝有兴盛就有灭亡;有开国君主就有亡国之君。没有人愿意做亡国之君,但历史上总有人前赴后继地做了亡国之君。有一句话说,上帝要让人灭亡,必先使人疯狂。无论是一个人还是一个王朝的疯狂,其实赖不着上帝,而是人本身。

商纣王在做王子的时候,天资出众聪明绝顶,是个天才儿童;而且天生神力,据说可以胜过九头牛,可以说是文武双全的人才。但做了国君之后,套用周杰伦的歌词,就是"纣王变化太快,就像龙卷风",在位期间做了好多人神共愤荒唐透顶的事。如果你看了《封神演义》,你就会明白为什么那些呼风唤雨千变万化的神仙们,都来帮着姜子牙攻打商纣王了。虽说《封神演义》只是小说家虚构出来的故事,但从中也可以看出,商纣王在中国历史上的确是恶名昭著,而以商纣王命名的成语"助纣为虐",更可以说明这一切。

商纣王荒淫无道,他的两个叔叔箕子、比干和庶兄微子启,就拼了命地劝他改邪归正。但商纣王偏偏像中了邪似的,不仅不听劝告,还威胁要杀掉他们。商纣王有个令人心惊胆寒的爱好,喜欢把人剁成肉泥或做成"人肉火腿"。微子启是个明白人，他知道再唠叨下去，很可能连命都保不住，所以微子启就选择做个"安静的美男子"，悄悄地离开了。而箕子也只能"你是疯子我是傻，疯疯傻傻走天涯"，装疯卖傻做了奴隶，躲过了一劫。比干则是个非常勇敢的"糊涂蛋"，他抱着"不信东风唤不回"的信念，拼了老命去劝商纣王，说大侄子你要是再不听话，我就死在你面前。商纣王正愁着没人肯献身做人肉火腿呢，便说，我听说圣人之心"有七窍"，我倒要看看你的心有几"窍"，于是便以做"科学实验"的名义，挖了比干的心。

你永远无法叫醒一个装睡的人

比干这种宁愿牺牲生命而规劝商纣王的行为，在中国历史上叫"死谏"。此后，中国封建王朝的大臣们以此为荣，形成了"文死谏，武死战"的传统。"文死谏"指文臣劝谏君王不惜以死明志，他们追求"苟利国家生死以，岂因祸福避趋之"，只要有利于国家，哪怕是献出生命也在所不惜；而"武死战"指武将赤胆忠心战死沙场，报效国家。他们的价值观是"只解沙场为国死，何须马革裹尸还"，只知道为了国家利益而战死沙场，何必要用马皮包裹着尸体回到家乡呢。

不知道比干是不是第一个"文死谏"的人，反正他不是最后一个。在中国历史上，前赴后继地涌现了很多这样具有牺牲精神的大臣。伟大的爱国诗人、楚国的屈原苦劝楚怀王无效，

最后在汨罗江边投水而去,为我们留下了端午小长假和无尽的文化遗产。而在中国抗日战争中,千千万万为救亡图存而牺牲的将士们,是"武死战"最好的注释,他们的信念和气节,筑成了中华民族永不折断的脊梁。

电视上有则广告,一人举起酒杯一口干掉,说宁伤身体不伤感情,另一人说没有身体,哪来的感情,所以事情总要辩证地看。满怀热情地劝解别人固然重要,关键还要看对象,要考虑"风险成本"。就像比干一样,如果生命已经失去,用什么去追求正义呢?有人说得好,你永远叫不醒一个装睡的人。商纣王就是那个装睡的人,而比干就是那个非要把他叫醒的人。

后来,孔子吸取了他先祖的教训,他说"以道事君,不可则止"[1],意思是我以正义之心来服务你,你实在上不了台面,那我们就一拍两散赶紧走人。孔子还举一反三地把这个思想延

---

[1] 见《论语·先进》。季子然问:"仲由、冉求,可谓大臣与?"子曰:"吾以子为异之问,曾由与求之问。所谓大臣者,以道事君,不可则止。今由与求也,可谓具臣矣。"曰:"然则从之者与?"子曰:"弑父与君,亦不从也。"

译文:季子然问:"仲由和冉求可以算是大臣吗?"孔子说:"我以为你是在问其他人,原来是在问仲由和冉求啊!所谓大臣,必须要能以正道来侍奉君主,如果行不通,就不应该再当大臣。现在仲由和冉求,只能算是充数而没有作为的臣子罢了!"季子然说:"那么他们会凡事听命于季氏吗?"孔子说:"杀父亲和杀君主的事,他们也不会听命的。"

第一章
孔子先祖的那些事

伸到交朋友上面,他的弟子子游说,"朋友数,斯疏矣"[1],意思是在交朋友的时候,不管是"好闺蜜"还是"好朋友",如果你整天神神叨叨地批评人家,尽管你抱着一颗真诚的心,慢慢地朋友们也会疏远你。这些话说明,孔子和他的先祖微子启一样,是个明智而灵活的人,要是像他远祖的族叔比干那样,不撞南墙不回头的话,可能就没有孔子啦。

孔子为什么姓孔

商朝最后被来自西方的周部落打败,商纣王亲自放了一把火把自己烧死了,商纣王的名字叫"子受",隐约有些自作自受的意思。商朝灰飞烟灭,这也应了"玩火者必自焚"的老话。商纣王的教训告诉我们,习惯决定行为,行为决定后果,而后果左右命运。就像在春天时播种一样,你播下什么种子,在秋天时就会收获什么果实。套用德国诗人海涅的话,你播下的是跳蚤,绝对收获不到龙种。因此,每一个人必须为自己的行为负责。

微子启与周朝的统治者采取了合作的态度,周公把原来商朝都城的地方分封给了微子启,建立了宋国。微子启传位于微

---

[1] 见《论语·里仁》。子游曰:"事君数,斯辱矣;朋友数,斯疏矣。"
译文:子游说:"服事君主太琐碎,反而会招来羞辱;与朋友相交太琐碎,反而会遭到疏远。"

子仲，微子仲就是孔子的正牌老祖宗。微子仲后历经九代到了弗父何，弗父何就是孔子的十世祖。

弗父何本是宋缗（mín）公的长子，按照中国古代的传统，应该是嫡（dí）长子继承大位。嫡长子就是帝王的正妻所生的大儿子。弗父何身为正牌嫡长子，理所应当继承君位。但在商代还有一套继承系统作为"预案"——作为国君的大哥，可以把君位传给弟弟。也可能是弗父何平时不乖，不受父亲的宠爱，[1]所以宋缗公就把君位传给了弟弟熙，即后来的宋炀（yáng）公。宋国作为殷商的后代，按照殷商的传统，大哥将君位传给弟弟，也是符合规矩的。但这让弗父何的弟弟鲋（fù）祀感到"很不爽"，鲋祀表示严重不服，杀了叔叔宋炀公，把王位夺了回来，送给弗父何。弗父何偏偏是个很低调的人，说什么也不愿做国君。没有办法，鲋祀就亲自坐上了王位。弗父何把王位让给弟弟，世人给了他很高的评价，但是他的后代从此也失去了继承王位的机会，而是成为宋国的大官。[2]

弗父何生宋父周，宋父周生世子胜，世子胜生正考父。正考父辅佐过三位国君，是宋国地位最为显赫的大官。正考父也是一个极为低调的人，他在家庙的一尊大鼎上刻下了自己的座右铭："一命而偻，再命而伛（yǔ），三命而俯。循墙而走，

---

[1] 此处有想象的成分，没有证据证明。
[2] 关于弗父何和鲋祀谁是嫡长子的问题，历史上尚存在争论，本书采用传统说法。

第一章
孔子先祖的那些事

亦莫余敢侮。饘（zhān）于是，粥于是，以糊余口。"[1] 意思是，"每逢有任命提拔时都越来越谨慎，一次提拔要低着头，再次提拔要把背弓起来，三次提拔要弯腰，连走路都要小心翼翼靠墙走。生活中只要有这只鼎煮粥糊口就可以了。"正考父的谦虚谨慎似乎有些过头，要是再次被提拔任命的话，岂不是要在地上爬了。但他生活简单朴素，工作勤勤恳恳，做人谦虚谨慎这种精神，却是值得我们学习的。

正考父的儿子孔父嘉就没有这么低调了，他在宋国贵族间的争权夺利中被杀。但孔父嘉却是孔氏家族历史上的一个关键人物。从他开始，他的后人开始以"孔"为氏，这是孔父嘉对孔氏家族的最大贡献，但是孔父嘉给孔氏家族带来的负面影响是显而易见的，因为从他开始，孔氏家族就开始走向败落，这也意味着，他的后人将为重新获得贵族的身份而苦苦打拼。

孔父嘉的儿子木金父在宋国已经无法立足，只好逃亡到鲁国，做了无官无职的平头百姓。直到他的第三代孔防叔，才成为鲁国贵族臧孙氏的家臣，做了防邑宰，大概相当于"防"地的"县长"，人称"防叔"。防叔生伯夏，伯夏生叔梁纥，叔梁纥生了孔子。从孔父嘉开始一直到孔子，历经了五代，当时一般取五代祖先的氏为族名，所以孔父嘉的"孔"就正式成为孔子的族名，这就是孔子为什么姓孔的原因。

---

[1] 见《左传·昭公七年》。

在姓氏中来一次寻根之旅

孔子为什么姓孔的问题终于解决啦,原来在"孔"姓的背后,还暗藏着一段辉煌没落、刀光剑影的故事。

中国有几万个姓,每个姓的背后都刻印着祖先的足迹,反映了中华民族先民们生生不息的历史。"参天之木,必有其根;怀山之水,必有其源",多么高大的树木,都来自于树根的滋养;多么浩瀚的大海,总是从一条小溪发源。所以,中国人初次见面时,总会问对方贵姓,这体现了中华民族重视追根溯源的传统。

中国是最早有姓氏的国家,在距今约三千四百年的商代甲骨文中,就已经有明确的姓氏文字。那么姓氏到底从哪里来的呢?传说中国人的始祖伏羲在大风中苦思冥想的时候,突然"脑洞大开",就像上帝说"应该有光"一样,伏羲说我们应该有个姓,这样婚姻就不至于乱了套,于是就有了姓。伏羲在大风中就地取材,就姓了"风"啦。怪不得金庸小说中的风清扬武功如此高强,原来他可能是伏羲氏的后代。如果从那个时候开始算,中华民族使用姓氏的时间至少在五千年以上,这一点,远超同为文明古国的古巴比伦、古埃及和古印度。

人类最早的社会形态是母系社会,人们只知道母亲是谁,但不清楚父亲是谁,这一点可以汉字为证。"姓"由"女"加

"生"组成,是女子所生的意思,因此在母系社会孩子出生都是随母亲的姓。所以,中国最古老的姓大都带有"女"字偏旁,如姬、姜等,这体现了母系社会的特征。到了父系社会,父权扩张,母权萎缩,孩子就随了父亲的姓了。

在氏族社会,姓和氏是分开的。通俗地说,姓用于区别血缘关系,而氏用于区别氏族部落。聪明的祖先发现了"同姓不蕃"即近亲结婚的危害性,因此古代规定同姓之间是不能结婚的,而氏是用来区别贵贱的。姓的来源丰富多彩,有的以居住地为姓,有的以部落的图腾为姓,有的以职业为姓。每一个姓氏背后,都有一段年深月久的历史和意味深长的故事。

让我们来寻找祖先的踪迹吧。假如你姓姬,恭喜你,你可能是黄帝的后人。假如你姓姜,那同样令人自豪,因为你可能是炎帝的后代,你们是正宗的炎黄子孙。假如你姓熊,你祖先部落的图腾可能是一头熊。假如你姓陶,你祖先可能是制作陶器的艺术大师。假如你姓巫,你祖先可能是个算命先生或医生[1]。假如你姓鲁,你祖先可能是山东人,因为鲁国是在今天的山东境内。古龙小说中的"西门吹雪",他祖先可能住在一座城的西门。寓言中那个被狼吃掉的"东郭先生",他祖先可能住在一座城市的东郊。

总之,姓有大小,无贵贱,祖先的血脉在这里流淌,民族

---

[1] 巫,在古代是一种职业,是从事祭祀、占卜的人。在中国古代,医生也称为"巫"。

穿越历史看孔子

的文化在这里延续。无论是随父亲还是母亲的姓，都是对你遥远祖先的尊重。不要自己随便创造一个姓，因为派出所不同意，你的祖先也不满意；也不要叫自己汤姆或安妮，哪怕是身在异国他乡，请延续自己的姓氏，因为它能让你记住祖先和身份——炎黄的子孙、华夏的传人。

光荣的家族史

孔子的先祖微子本是商朝王子。商朝灭国之后，被西周分封到宋国做国君，虽说国家管辖范围小了点，毕竟也是一国之君。宋国的那些国君们，有的穷兵黩武，到处去欺负小国，如宋庄公；有的英明神武，成了"春秋五霸"之一，如宋襄公。但他仁义过了头，两国交战时，本有机会偷袭，但他认为那很不道德，而是等到对方过河摆好阵势之后，才下令进攻，结果被人一箭射中。所以他的行为被毛泽东骂作"蠢猪式的仁义道德"；有的颜值很高，名列中国古代十大帅哥之一，如宋文公。

他们在春秋时期的大混战中，小心翼翼地维持着宋国的存在。但是家族的命运永远敌不过历史车轮的碾压，孔子家族的地位如自由落体运动直线滑落，到孔子的爷爷的爷爷时代，曾经的贵族已经沦落为普通百姓了，家族的荣光已经荡然无存，用现在的一句俗话，就是"王小二过年，一年不如一年"。

第一章
孔子先祖的那些事

鲁国的"大力水手"

孔氏家族避难逃到鲁国成为移民，历经了六代。孔子的曾祖父孔防叔做过县长，很显然，孔氏家族已经取得了鲁国的"绿卡"，可以名正言顺地在鲁国生活了。

孔子的祖父伯夏是个籍籍无名的普通人，但伯夏的儿子、孔子的父亲叔梁纥，在历史上的名气却很大，著名史书《左传》就两次记载了他的英雄事迹。在《左传》中，叔梁纥天生神力，是鲁国版的"大力水手"，比美国版的"波比"更胜一筹。因为叔梁纥根本不需要在危急时刻吃一把菠菜，他靠着自己的勇猛，于万军之中取敌人首级易如反掌，武功修为已臻化境，我很怀疑金庸先生笔下的南院大王萧峰，就是按照孔子老爸的形象私人定制的。

鲁襄公十年，公元前563年，晋国国君以霸主身份率领各国联军，进攻一个叫逼阳的小国，逼阳国在今天江苏省邳州市附近。可能你听着有些纳闷，怎么堂堂的西方大国晋国要兴师动众，组织多国联军来进攻一个小国呢？

春秋时期，在中国大地上，星罗棋布地分布着很多国家。"丛林法则"在那个时代被体现得淋漓尽致，以大欺小虽然不合道义，但符合"大鱼吃小鱼"的现实规律。大国的国君们每天只思考两件事，一是什么时候才能称霸，另一个是今天去欺

负哪个小国；小国的国君们每天也在思考两件事，一是要不要抵抗的问题，二是往哪里逃的问题。反正整天打来打去，结果是，"争野以战，杀人盈野。争城以战，杀人盈城"，意思是说，交战双方争夺田野，死人堆满了田野。争夺城市，死人堆满了城市。所以孟子认为"春秋无义战"，也就是说春秋时期没有符合正义的战争。

叔梁纥参加了鲁国的军队，一起围攻逼阳城。逼阳守军显然精通兵法，熟练掌握了"三十六计"之"关门捉贼计"。他们在联军攻进逼阳城后，先是以攻为守，出城袭击了鲁国军队的粮草，然后再放下闸门，将进城的联军部队围住，以便"关门打狗"，来个"瓮中捉鳖"。叔梁纥识破此计，危机时刻电光火石般赶到，在闸门关闭之前，用一招"霸王举鼎"将闸门举起，让进城的将士成功撤出。

七年以后，鲁襄公十七年，公元前556年，齐国入侵鲁国，包围了鲁国的防邑。当时城内有臧纥、臧畴和臧贾等一帮大官，眼看着齐军就要兵临城下城破人亡了，叔梁纥连夜组织了敢死队，亲自率领他们成功突破了齐军的包围圈，将臧纥送至安全地带，又回头冲进包围圈，杀出一条血路，返回城里坚守城池。齐军攻城多日不下，只好撤兵。

从这两次光荣的事迹来看，叔梁纥不仅身怀绝技，更重要的是他有勇有谋，对祖国忠心耿耿，这些优秀的品质，必将通过强大的基因，传承给自己的后人。

第一章
孔子先祖的那些事

叔梁纥屡立奇功，美名远扬，与鲁国另外两位猛男合称"鲁国三虎将"。但他并没有因此获得高官厚禄，只不过做了陬（zōu）邑宰，相当于现在的县长，距离重新获得卿大夫贵族的身份，还很遥远。但毕竟他靠战功，做了鲁国的基层官员，为自己博取了"士"的身份。叔梁纥知道，按照"士之子恒为士"的规定，理论上讲，他的儿子也应该水到渠成地继承他"士"的身份了。

"士"的标准

"士"，在汉字的造字法中属于会意字。即由"十"和"一"组成，说明从一到十都会做，所以它的本意是有能力的人。在商、周时代，士属于贵族的最低一级，介于平民和贵族之间。用今天的标准来衡量的话，论财产，他们可能是中产阶级；按能力，他们是有一技之长的高级蓝领或知识分子。

春秋时期战争频发，统治者需要大量的武士和谋士，于是就广泛招募士为己所用。到了战国时期，更是出现了以"养士"闻名的"四公子"，分别是赵国平原君赵胜、楚国春申君黄歇、齐国孟尝君田文、魏国信陵君魏无忌。这四个人有钱有势，又有招揽人才的共同爱好。不像现在的"土豪"们喜欢炫富，"四公子"炫的是士——谁的士多，谁就是老大。电影《天下无贼》中，葛优说"二十一世纪最缺什么，人才"，其实这种以人才

为本的理念,早在两千多年前,战国"四公子"早已烂熟于胸。据说最牛的孟尝君,门下之士最多时可达数千人,比什么昆仑、武当、天山、少林乃至日月神教,势力不知高出多少倍。在"四公子"的门客中,有靠脑子吃饭的,有凭武功生活的;有会模仿鸡叫的,有善爬狗洞的;有江洋大盗,有刺客侠士;当然也有滥竽充数混吃混喝的。总之,那时候谁养的士多,谁就最有面子,谁就最牛。

如果你以为士的群体中有一些鸡鸣狗盗之徒,品位太低的话,那就大错特错了。事实上,在战国"四公子"之前,孔子倒是为士制定了一个标准。当时,孔子弟子子贡问孔子,"何如斯可谓之士矣?"如何才能做一个士呢?孔子回答说,"行己有耻,使于四方,不辱君命,可谓士矣。"[1] 因为子贡是个办理外交事务的人才,所以孔子告诉他,"自己行为要保持羞耻之心,出使外国,能很好地完成君主的使命,这就可以叫做士了。"按照孔子的理论,通俗地说,士的最高标准就是:做人要严于律己有羞耻心;做事要忠于职守有责任心。

---

[1] 见《论语·子路》。

第二章

"启明星"的诞生

叔梁纥从战场上归来,已经是六十三岁的老人了。"人生七十古来稀",按照这个规律,叔梁纥的生命已经开始倒计时了。他已经功成名就,应该可以像刘欢唱的那样,"你太累了,也该歇歇了"。但叔梁纥不能休息,一个武士,就应该"生命不息战斗不止",他还要继续战斗,不过不是在血流成河的战场,而是在儿女情长的家庭。他有个愿望还没有实现,他需要一个合适的儿子来继承他低级贵族的地位。

叔梁纥的家事

叔梁纥有了九个千金,还孜孜以求想生个儿子,于是他又纳了一房小妾,如愿以偿地生了个儿子。遗憾的是,这是个先天残障儿童,叔梁纥为他取名叫孟皮。"皮"有"跛"的意思,说明这孩子一生下来腿脚就有问题。按照现在的医学观点,很可能是脊髓灰质炎,俗称小儿麻痹症。因为春秋

时期规定,女子和身体有缺陷的男子不能继承爵位,所以,叔梁纥现在最紧要的任务,就是再生个儿子。

叔梁纥打听到有姓颜的一家有三姐妹,尚未婚配,于是向她们的父亲提亲,颜氏父亲认为叔梁纥年纪虽然大了一点,但他身材高大健硕,又是"鲁国三虎将"之一,有军功和地位,就动员三姐妹,希望她们其中一人能够嫁给叔梁纥。大姐二姐不同意,唯有最小的妹妹颜征在,是个性格坚强又孝顺的孩子,认为父命不可违,就像代父出征的花木兰一样,嫁给了叔梁纥。当时,叔梁纥六十六岁,颜征在不满二十岁,两人年龄相差巨大。[1]

颜征在要的是爱情,叔梁纥要的是儿子,不知道他们之间有没有爱情,反正他们很快有了儿子。

春秋版《非诚勿扰》

《史记·孔子世家》记载,"纥与颜氏女野合而生孔子"。孔子是"野合"所生,这怎么说都是对圣人孔子的一种亵渎和冒犯。所以,后人对"野合"一词进行了大量的解读,主要是几个观点:一是说孔子父母年龄相差太大,不符合当时的"周礼";第二是说他们属于自由恋爱,没有经过父母之命、

---

[1] 另有一种说法,叔梁纥当时已经七十二岁,而颜征在十七八岁。

第二章
"启明星"的诞生

媒妁之言就自由结合,没有合法的婚姻登记手续,属于未婚同居;第三,更有人认为是有权有势的叔梁纥"欺负"了平民女子颜征在才生的孔子。爱情是美丽的,我们可以想象那个浪漫的情景:高大威猛的叔梁纥在一年一度的春秋版《非诚勿扰》的聚会上认识了颜征在,二人一见钟情擦出了爱情的火花,产生了爱情的结晶。

古人婚姻的途径是丰富多彩的,除了父母之命和媒婆介绍之外,上古时期还有个风俗,定期在户外举办"青年男女联谊会"。《周礼》上说:"仲春之月,令会男女,于是时也,奔者不禁。"草长莺飞、生机勃勃的农历三月,有一场《非诚勿扰》的男女联谊会,此时青年男女要是彼此喜欢,就可以"手牵手,一起走,创造幸福的生活"啦,在当时,这个事情是不犯法的。[1]

叔梁纥与颜征在结婚后,抱着赶紧生个儿子的想法,二人经常一起到附近的尼丘山上去祈祷,一日祈祷结束下山后,在山下的一个山洞里生下了孔子。

不管他们是属于哪种形式的结合,可以肯定的一点是,他们为中华民族做出了巨大的贡献。这个出生时就有神秘色彩的孩子,将在中华民族的历史上,刻下自己光辉的名字。

---

[1] 没有证据证明,当时的鲁国还存在这种风俗,此处有想象的成分。

"圣人"的诞生

公元前551年,鲁襄公二十二年,夏历八月二十七日,孔子诞生在山东曲阜东南尼丘山的一个山洞里。根据学者的研究,换算成公历,他的生日应该是9月28日。[1] 每年这个时候,中国各地和世界上华人生活的地方,都会隆重举办祭祀孔子的典礼,来纪念这个世界级的思想家和教育家。

孔子,这个在山洞里呱呱坠地的婴儿,未来将成为闪耀古今的思想家。恰如北宋著名哲学家朱熹在其著作《朱子语类》中所记载的那样,"天不生仲尼,万古如长夜"。意思是,"上天要不是把孔子赐给我们,那么我们的历史将是漆黑一片"。朱熹所记载的说法虽然有些夸张,但实实在在地表达了人们对孔子的崇仰之情。两千多年过去了,正如朱熹所说,孔子犹如一颗高悬天际的启明星,他的思想深刻地影响了中华民族的文化性格。

叔梁纥给这个孩子取名丘,字仲尼。关于名字的由来,司马迁在《史记·孔子世家》中说,"祷于尼丘得孔子"。意思是孔子的父母在尼丘山祈祷,赶紧生个儿子,后来果然生下了孔子。所以,孔子的名字可能来自于他出生的尼丘山。而"仲"是排行第二的意思,因为孔子已经有了个哥哥孟皮。

---

[1] 有一种说法是孔子生于鲁襄公二十一年。此处按照司马迁《史记·孔子世家》中的说法。

为了区别兄弟之间的排行，古人一般用伯（孟）、仲、叔、季来排定兄弟之间的顺序。也就是说，字中有个"伯"或"孟"的，可能是老大，字中有个"仲"的，可能排行第二，以此类推。如孔子为儿子取名孔鲤，字伯鱼，孔子的弟子冉耕，字伯牛，很显然都是在家里排行老大。

如何取个好名字

中国有丰富多彩的姓氏文化，而古人对起名也有一套完整的规则。中国第一部字典《说文》对"名"这样解释："名，自命也。从口夕，夕者，冥也，冥不相见，故以口自名。"意思是，黄昏后天黑不能相认识，就给大家各取个代号。大家都是一个氏族部落的，总不能都叫大狗二狗吧，这样既不好听，也不容易辨别，所以就有了名字。[1]

事实上，名和字的功能是不同的。名是为了区别身份，字是为了区别尊卑。对小孩直呼其名，显得亲切，而对成年人就不那么礼貌了。所以古人在孩子出生三个月后由父亲取名，用于家人称呼或自称。而字则比较晚，一般是男子二十岁举行"加冠礼"时取字，女子十五岁举行"笄礼"

---

[1] 本文采取意译法。这句话的本意是，"名，就是自己的称呼。由口和夕组成。夕，是天暗的意思，天色昏暗，看不清楚人，于是就给自己取个代号"。

时取字,用于他称。也就是说,名是自己叫的,表示自谦;字是别人叫的,表示尊敬。举个例子,著名爱国将领岳飞,字鹏举。他在自我介绍的时候,估计会说自己是"阿飞",表示谦虚,而朋友们一般要叫他"鹏举",显得尊敬和雅致。

"名字"这个词,意味着古人既有名,也有字,二者是互为表里的关系。如在《三国演义》中可以看到这样的话,"某姓关名羽,表字云长",所以字的功能是对名的补充或解释。古人取字一般有两种方法。一是"名"和"字"词义相近,或"字"是对"名"的进一步阐述。如春秋时期楚国伟大的爱国诗人屈原,名平,字原,因为"原"是宽阔平坦的意思,与"平"相对应。唐代大诗人"诗仙"李白,名白,字太白,估计长得皮肤白皙,取名叫"白",还不忘"自恋一下子",强调实在是"太白"[1];"诗圣"杜甫,名甫,字子美,因为"甫"在《说文》中的解释是男子的美称,可见杜甫的父亲希望儿子成为一个大帅哥。二是"名"和"字"意思相反,如唐代文学家韩愈,名叫"愈","愈"是更进一步的意思,所以谦虚一点就取字"退之"。总之,古人的名和字,不管是同义还是反义,总有一定的联系,字是对名

---

[1] 关于李白名字的来历,唐代李阳冰的《草堂集》序中说:"……惊姜之夕,长庚入梦。故生而名白,以太白字之"。意思是说,在李白出生之前,他的母亲梦到了太白星进入了自己的梦境,孩子随即出生,故起名为李白,字太白。此处有调侃成分,请读者明察。

的一种解释，就像电脑文件的扩展名一样。

"长人"孔子

孔子应该是个发育尚不健全的早产儿。《史记》上记载说，孔子"生而首上圩（wéi）顶"，意思是头的形状像"圩"，四周高而中间低，这种头型像个"蓄水池"，有人开玩笑说这种头形下雨时容易"脑子进水"。事实上，孔子的脑子不仅是"进了水"，而且是无边无际的汪洋大海，他脑中深藏的智慧，是全世界人民的宝贵财富。

孔子越长越奇怪，他个子很高，外号叫"长人"。《史记》上说，孔子成年后"长九尺有六寸，人皆谓之长人而异之"。有专家考证，周代一尺合今天 19.91 厘米，那么孔子的身高就相当于现在的 1.91 米，是个典型的山东大汉。这样的身高在大街上的回头率很高，失踪了好找。后来孔子周游列国的时候，在郑国与弟子们走散了，弟子子贡心急火燎地四处打听孔子的下落，逢人就问见到我老师了吗。有一个郑国人告诉子贡，他看见一个人，"其颡（sǎng）似尧，其项类皋陶（gāo yáo），其肩类子产，然自要（腰）以下不及禹三寸，累累若丧家之狗。"[1] 意思是，"有个人的额头像尧帝，

---

[1] 见《史记·孔子世家》

脖子像著名的法官皋陶，肩膀像著名的政治家子产，不过下身很短，和治水的英雄大禹相比差三寸，惨得像条找不到家的狗"。子贡一听，大喜过望，这不就是自己的老师吗。

可见，孔子的相貌很奇特。他综合了中国古代历史上多个伟人的特点。在那个郑国人的描述中，我们还知道，孔子可能上身长，下身短，整体上很不协调。但不要紧，后来民间有"上身长，佐君王；上身短，福分浅"的说法，也算是对孔子的安慰了。

思想家扎堆的"文化轴心时代"

大凡不平凡的人物，都有一个"不平凡"的外貌，古希腊伟大思想家苏格拉底也是这么认为的。比孔子小八十三岁的苏格拉底，据说"扁鼻子，凸眼睛，走路像水鸟一样一摇一晃"，在盛产帅哥的古希腊，苏格拉底的容貌"颜值不高"，但他后来成了古希腊的哲学之父。孔子长得确实不算帅哥，但最后成了伟大的思想家和教育家。网络上有一句话，"帅有什么用，还不是被卒吃掉"，这个话说明长得好不好看并不重要，学问和修养才是王道。因为长得好看跟你"没有一毛钱的关系"，那是你碰巧遗传了父母的好基因而已。所以，改得了容貌改不了基因的整容手术，是世界上最愚蠢的行为。

苏格拉底是在孔子去世十年后出生的。在他出生之前，还有两位伟大的思想家已经诞生。在中国诞生了老子和孔子，在古印度诞生了释迦牟尼。这四位思想大师的集中诞生，是世界文化史上的奇迹。这个巨人扎堆的时期，被称为世界文化史上的"文化轴心时代"。

如果给这四位伟大思想家排一个座次的话，老大当之无愧是后来被尊称为中国道教的创始人老子。他大约出生在公元前570年，约在公元前500年去世。[1] 佛教创始人释迦牟尼排名第二，他大约小老子五岁，出生于公元前565年，在公元前486年去世。排行第三的是中国儒家学派的创始人孔子，而最后一位是古希腊大哲学家苏格拉底。

四大思想家大"PK"

老子、孔子、释迦牟尼和苏格拉底，这四位兄弟都是世界思想史上的宗师，个个地位尊崇，他们在人类思想文化史上，都是开宗立派的大人物。老子创立了道家学说，在东汉时，他突然一飞冲天，被尊为中国道教的始祖；释迦牟尼创立了佛教，而孔子和苏格拉底则创立了各自的学派，没有成为宗教。因为宗教是一种有神的信仰，在道教徒的心中，老子就是腾云驾雾的"太上老君"，释迦牟尼更是法力无边的"如

---

[1] 关于老子的生卒年，争议很多，此仅备一说，请读者明鉴。

来老祖"。而孔子和苏格拉底没有享受神仙的地位，他们是具有深邃的智慧和思想的心灵导师，他们是凡人中的圣者，圣者中的凡人。

老子讲"无为"，在他的著作《道德经》中，他像一个看透了人生的智者，世界处处回响着他的冷笑声。老子认为这世界充满了矛盾和对立，矛盾可以互相转化，用现在的话说就是"物极必反"。老子告诉我们，得意时不要忘形，失意时不要失志，因为顺境逆境都是可以相互转化的。大家都要顺应自然而清静无为，躲到"鸡犬相闻，老死不相往来"的"世外桃源"修身养性，才是人生的终极目标。老子常常炫耀自己有"吉祥三宝"："一曰慈，二曰俭，三曰不敢为天下先"[1]，意思是做人要有慈爱心和同情心，生活要俭朴不奢侈；要保持一颗平常心，不露锋芒、不争不夺、谦和卑下。通俗地说，就是在任何时刻都要保持谦卑和低调。假如我们用打油诗的形式来概括老子的思想的话，可以这么说：

聪明人死的早，愚笨人无烦恼。

有钱人易被盗，没钱人睡大觉。

反正是要清心寡欲，把日子过得清汤寡水才是王道。

释迦牟尼讲因果轮回。他认为人生像个无休无止的圆圈，我们都是被戴上眼罩拉磨的驴子，转来转去，转不过命运的

---

[1] 见《道德经》。

轮回。民国时期著名作家林语堂先生，对佛教有一段精彩的论述，他说，"我们一生下来就要接受惩罚，我们现在为我们前生所做的接受惩罚，我们将来为我们现在所做的接受惩罚"。照这样的逻辑，我们的人生简直是没办法过了，因为无论你躲到哪里，你总要接受惩罚。释迦牟尼为了避免信徒们陷入悲观的情绪不可自拔，他告诉我们，要想结束这种困境，就得转世，而要想转的好，就得慈悲为怀并善待一切。因为，你上辈子和下辈子可能会是你看到的一切。举个例子吧，今天你在大街上踢了一只流浪猫，那么问题大了，因为按照佛祖的教义，这只猫可能是前生的你，也可能是未来的你，也就是说，你很有可能在欺负前生的你或未来的你。所以，我们要善待一切，就是要防止"误伤"的情况发生。

孔子讲进取和仁义。他不赞成我们都向老子学习。这世界本身就充满了不如意，别一不如意就选择逃避，"躲进小楼成一统，管他春夏与秋冬"。人生应当有追求，并且应该坚韧不拔地追求自己的理想，只有"知其不可为而为之"，才是英雄本色。他还要求我们要有"仁"心，我们要爱自己、爱父母，然后爱一切的人，做个爱心洋溢的人。

苏格拉底讲智慧。他的名言是"认识你自己"。他认为一个人连自己都看不清楚的话，肯定聪明不到哪里去。这一点倒是和老子异曲同工。因为老子说过，"知人者智，自知者明"。苏格拉底认为，一切不道德的行为都是无知的结果。

从苏格拉底的逻辑出发，我们一定要"好好学习，天天向上"，否则就是一个"不道德"的人了。

　　这四位大师的思想，到现在还在影响着全世界。老子看透了世界，骑着青牛，出了函谷关不知所踪，现在还仿佛飘荡着他的冷笑声。释迦牟尼看透了生死轮回，于菩提树下悟道成佛，慈爱地享受着世界众生的膜拜。孔子和苏格拉底俩兄弟混得有点惨。孔子为追求恢复周礼，建立"大同世界"，东奔西走周游列国十四年，惶惶然如一条找不到家的狗，政治家的生涯半途而废，却成了伟大的思想家和教育家。苏格拉底一生追求真理，最后为自己信仰的真理而献身。他最大的理想就是建立由聪明人统治的"理想国"。他四处和别人辩论，但最后被希腊法庭以对神不敬和带坏青年的罪名而处死。他们不同的命运，告诉我们一个道理，伟人们的结局并不总是那么如意，但伟人们的思想，可以照亮世界的未来。

第三章

和你不一样的童年

孔子三岁的时候,父亲叔梁纥去世了。

孔子的亲人众多,他有三个母亲、九个姐姐,还有一个身有残疾郁郁寡欢的哥哥。作为家中最小的孩子,孔子应该可以获得更多的关爱。但那是一个人口众多、情况复杂的大家庭,母亲颜征在的身份很尴尬,而孔子也似乎被人看成是私生子。这样的状态下,孔子和母亲的日子很不好过。这也让母亲下决心离开这个家庭,带着孔子,回到娘家去。

母亲的言传身教

颜征在坚强又有见识,同样充满爱心。她没有抛下残疾的孟皮,而是带着三岁的孔子和孟皮回到了曲阜。那里是她的故乡,也是鲁国的首都和经济文化中心。从此之后,她将独自承担起抚养两个孩子的重任。

颜征在的家族,居住在曲阜城内的阙里,那里是很大的

平民区。这说明颜氏家族在曲阜并不是名门望族,但也算是当地的大姓。数千年过去了,汹涌的城市化浪潮似乎吞噬了一切。不过,如果现在没有拆迁的话,你还可以在曲阜市城内孔庙的东侧,找到一条阙里街,那是孔子小时候居住的地方。

孔子是不幸的,幼年时父亲早逝,他过早失去了父爱。但孔子又是幸运的,因为他有一个伟大的母亲。孔子从父亲身上继承了强健的体魄和勇武的精神,也从母亲身上学到了坚韧不拔和与人为善,这些优秀品质影响了孔子的一生,并通过孔子的思想,影响了一代又一代中国人。

孔子成年后,把他从母亲身上学到的坚韧和慈爱,转化成了自己的思想。一是"知其不可为而为之"的坚强。孔子教育我们,人生要勇于进取,要坚强地面对困难和挫折。因为,人生是个未知的旅程,没有人会预先知道结局,努力不一定换来成功,但不努力肯定不会成功。二是"仁者爱人"的思想。孔子告诉我们,首先要爱自己,然后是爱父母和亲人,最后把这种爱扩展到每一个人。用一句歌词就是,"只要人人都献出一点爱,世界将变成美好的人间"。后来"仁者爱人"成为中国儒家学派的核心思想,两千多年来一直温暖着中华民族的心灵。

第三章
和你不一样的童年

鲁国是个"学习型"国家

孔子最终能成为伟大的思想家和教育家,除了母亲的言传身教之外,鲁国浓厚的文化氛围也是重要原因之一。

在孔子生活的春秋时期,鲁国是个悲剧的角色,像个"小媳妇"一样,夹在齐国、晋国等大国之间,经常被几个大国特别是齐国欺负。

其实,鲁国有辉煌的历史和文化。鲁国本是周公的封国,他的儿子伯禽赴鲁国上任时,从周朝首都带去了丰富的文物书籍,也带去了周公创立的一整套礼仪规范。鲁国的老百姓都好学懂礼,学习氛围非常浓厚。用现在的话说,鲁国是一个"学习型"国家,国都曲阜就是一个"学习型"城市。这一点,连以博学闻名的吴国大知识分子季札都对此赞不绝口。

季札本应是吴国的国君,但他好几次坚决拒绝了做国君的机会,为的是能自由地穿梭在各国之间,考察各国的文化和音乐。他曾经专门到鲁国考察周朝传下来的古老的音乐。季札具有非同一般的洞察力和鉴赏力,是个天才的音乐欣赏家和文艺评论家。他认为齐国的音乐舒缓大气,富有大国气派;郑国的音乐充满了享乐和暧昧的气息。他评价的这些民歌都出自《诗经》,它是我国第一部诗歌总集,相传有三千

多首,后来孔子对它进行了编辑,就变成了现在的三百零五首了。季札还欣赏了相传是舜帝作词谱曲的《韶》,在如痴如醉间,他说,"我已经欣赏到最好的音乐了,其他的我就不想听了",给这首曲子做了最好的广告。

后来,孔子在齐国也听到了这首音乐,像大醉一场一样,孔子陶醉了整整三个月。《论语·述而》记载说,"子在齐闻《韶》,三月不知肉味"。意思是,孔子听了这首音乐之后,三个月都不知道吃肉是什么滋味。

后来,鲁国又来了一个学问渊博的人,叫韩宣子,他在鲁国看到了一些哲学书和历史书,不禁感叹地说,"周礼尽在鲁矣",意思是周代的政治法律和礼仪规范都保存在鲁国了。

总之,鲁国虽然弱小,但文化遗存丰富,遍布全国的物质和非物质文化遗产,全国人民好学崇礼的文化氛围,是孔子宝贵的学习资源。年少的孔子就像迷失在沙漠的人看见绿洲,饥饿的孩子看见面包一样,在鲁国醇厚的文化空气中,自由而欢畅地呼吸。

环境是把双刃剑

像所有的孩子一样,孔子也喜欢玩游戏。但当别的孩子还在玩泥巴、躲猫猫的时候,孔子却喜欢模仿大人们祭祀祖先的各种礼仪活动。孔子对这些庄严肃穆的礼仪活动很是着迷,直到成年以后有机会亲自去参观鲁国太庙,他还到处找人请教。这或许是出于孩子好玩的天性,也许是母亲颜征在的严格要求,因为母亲想让这个相貌奇特的孩子,继承父亲的遗志,通过自己的努力,重新获得国人的尊敬。

《史记·孔子世家》记载,孔子"为儿嬉戏,常陈俎(zǔ)豆,设礼容"。"俎"是祭祀时放祭品的方形器物;"豆"是放祭品的圆形器物。这个行为也显示了孔子今后成为礼仪大师的伟大志向。这些在耳濡目染中学会的礼仪知识,也让他在成年后做了婚丧嫁娶的主持人,并成为他谋生的手段之一。

后来,孔子的孙子子思的弟子——在历史上被称为"亚圣"的孟子,成为孔子的"铁杆粉丝",把孔子作为学习的榜样,也喜欢玩各种祭祀的游戏,不过孟子小朋友的自制力显然要差一些。起初,孟子他们家住在墓地旁边,孟子就经常跟小朋友玩挖坟送葬的游戏,哭哭啼啼很不吉利;母亲把家搬到市场上去,孟子就学习做买卖和杀猪宰羊的游戏,搞得满身的铜臭和杀气;最后,母亲把家搬到学校旁边,孟子才"其嬉游乃设俎豆,揖让进退",像孔子一样,学会了各种祭祀和在朝廷上作揖行礼的礼仪,这就是"孟母三迁"的故事。这充分说明环境既能造就人,也能毁掉人的道理。

孔子也认识到这一点,他说,"里仁为美,择不处仁,

焉得知？"[1] 意思是，"居住在有仁德的地方才是好的。选择住处，不住在有仁德的地方，那怎么能说是聪明智慧呢？"这个思想后来被总结成"近朱者赤，近墨者黑"。换句话说就是，跟着好人学好事，跟着坏人学做贼。由此可知，保持纯净的校园周边环境是多么的重要。

"学霸"是怎样炼成的

孔子似乎对一切未知的东西充满了好奇，并以学习为乐。他说，"知之者不如好之者，好之者不如乐之者"[2]。意思是，懂得学习的人比不上喜爱学习的人；喜爱学习的人比不上以此为乐的人。所以，兴趣是最好的老师。孔子说，"学而时习之，不亦说乎"[3]，意思是，"每天温习学过的课文知识，每天演练学过的礼仪知识和人生道理，不是很开心吗"。因此，尽管在艰苦的环境中，孔子仍然能在学习中找到快乐。

作为平民子弟，孔子没有资格进入官办学校。他只能寻找一切机会，向别人请教。参照贵族学校的课程，孔子自学了"礼""乐""射""御""书""数"这六门课程。与现在的课程相对照的话，就是追求"德智体美劳"全面发展。

---

[1] 见《论语·里仁》。
[2] 见《论语·雍也》。
[3] 见《论语·学而》。

第三章
和你不一样的童年

"礼",是人在社会生活中必须遵守的各类规范和礼仪知识。成年后,孔子曾经说过,"不学礼,无以立",意思是说,如果不熟练掌握各种礼仪规范的话,那就没有在社会上安身立命的本领了。

"乐",就是音乐课,这说明古代比今天更重视素质教育。孔子非常喜欢音乐,在音乐上有很高的造诣。他会作词作曲,据说他为《诗经》中的一些民歌谱了曲子。孔子会各种乐器,他喜欢一边弹琴一边给学生们上课。孔子喜欢唱歌,无论快乐还是忧愁,都要高歌一曲以表明心志。听到别人歌唱得好,总要请别人再唱一遍,他跟着学。在孔子无可奈何离开故乡鲁国和去世之前,孔子唱起歌来,在歌声中,他的意志变得更加坚定,他的心灵变得通达明亮。

孔子的音乐技能还救过他和弟子的命呢。孔子带领弟子们在周游列国时,在卫国的边境被一群老百姓围住了。老百姓以为孔子是曾经欺压过他们的鲁国大坏蛋阳货,把孔子他们抓了起来。但孔子临危不惧神态安然地弹起琴来,悠扬的琴声感染了那些人。他们说,以阳货这个大坏蛋的品位,肯定弹奏不出这样高雅的曲子。老百姓后来发现真的弄错了,就放掉了孔子和弟子一行。

"书"和"数"属于文化课程,就是认字写字和数学。事实上,孔子的数学成绩很不错,这为他后来做会计打下了良好的基础。"射"和"御"是军事技能课。射是射箭,御

就是驾车。孔子是个射箭高手,他曾经搞了一场射箭表演,当时"观者如堵墙",前来观看的人把射箭场围得水泄不通。而驾车技术也是孔子最为自豪的。

通过多年的勤奋学习,孔子已经熟练掌握了六种技能,成为一个博学多才的人。在别人眼中,孔子似乎无所不能。他上知天文会天气预报,弟子们跟他出门,只要看他有没有带伞,就知道会不会下雨;他下知地理会考古挖掘,搁到现在,孔子肯定是一个能发大财的文物鉴定专家。

有一个地方叫达巷,那儿的人们特别崇拜孔子,他们由衷地感叹,"大哉孔子!博学而无所成名"。意思是,"孔子真是个博学多才的人啊,他会的太多了,都不知道他到底靠哪样学问来成名"。孔子倒是很谦虚,"吾何执?执御乎?执射乎?吾执御矣"[1]。孔子说,"我会什么呢,我看起来样样精通,其实是件件稀松,我只不过会驾车罢了"。

如果孔子对自己的要求不那么高的话,他已经可以在社会上立足了。他可以在曲阜的郊外包几亩地,"老婆孩子热炕头",安心过日子。尽管他不愿意种地,又不擅长种地。他也可以在发生战争时,拿起武器保家卫国,以孔子高大的身材和强健的体魄,以及熟练的射箭和驾车技术,他应该可以在战场上获得军功,从而像父亲叔梁纥一样,做个县长,

---

[1] 见《论语·子罕》。

获得低级贵族的身份,重振祖先的荣光。但是孔子不满足这些,他在十五岁时就已经立下更高的志向。他说,"吾十有五而志于学",意思是我在十五岁的时候,就已经立下志向,要一辈子追求更高的学问,追求人生的正道。

"学霸"孔子有个理念叫"学如不及",意思是学习就像追赶猎物一样,一旦放松下来,那猎物就会立马消失得无影无踪,再也抓不到啦。在十五岁后,孔子将进入更高的学习阶段,他需要一个更加广阔的舞台。他本着"三人行,必有我师焉"[1]的精神,也就是按照三个人之中就有一个能做老师的比例,到处寻访老师来给自己指点迷津,以使自己的道德修养和学识更上一层楼。

---

[1] 见《论语·述而》。

第四章

"学霸"炼成之路

金庸的武侠小说中有个规律，师父越多的人武功越厉害。段誉学了"六脉神剑"，后来又机缘巧合学了"凌波微步"和"北冥神功"，成了江湖绝顶高手。郭靖更牛，他先是跟着蒙古武士学摔跤和射箭，后来跟着"江南七怪"学习各种武功，最后"东邪"黄药师、"北丐"洪七公和"中神通"周伯通都成为他的老师，最终成为一代武林宗师。《神雕侠侣》中的杨过，更是牛人中的极品，他相继拜在小龙女、欧阳锋、洪七公、周伯通等门下，学成"古墓派"武功、"蛤蟆功"、"打狗棒法"和"弹指神通"，最终创立"黯然销魂掌"。我估计，除了少林寺的扫地僧，就没有人能打得过他了。

其实，金庸先生是想告诉我们，要练成绝世武功，要么有名师指点，要么像少林扫地僧一样，博览武林绝学。总之，要有所成就，必要多拜师学艺，多读书才行。

第四章
"学霸"炼成之路

孔子的老师们

好学的人和贪财的人差不多,区别是贪财的人眼里都是沉甸甸黄灿灿的金子,而好学的人,眼里却全是对知识的渴求。贪财的人最终必然被金钱压弯了腰,而好学的人也必将因为满腹经纶而流芳百世。

通过艰苦的自学,孔子十五岁左右时,已经熟练掌握了"六艺"。就像有人说不满足是进步的阶梯一样,志存高远的孔子坚信,"吾生也有涯,而知也无涯"[1],人的生命有长度,而知识却是浩瀚无际的宇宙。所以孔子就又立下了一个更伟大的志向,要在学习的道路上勇往直前。于是,他利用一切机会拜师学艺,提高自己的知识水平和道德修养。

孔子到底有多少老师?卫国的公孙朝专门问过子贡,"仲尼焉学?"意思是孔子跟谁学习过,言外之意是孔子是哪个大学毕业的?听口气,对孔子有些怀疑。子贡说:"文武之道,未坠于地,在人。贤者识其大者,不贤者识其小者,

---

[1] 见《庄子·养生主第三》。"吾生也有涯,而知也无涯。以有涯随无涯,殆已!"事实上,庄子崇尚"无为",反对知识。这句话的原意是,用有限的生命,去追求无限的知识,简直是个大傻冒。上面引用这句话,为了行文,取其字面意义,事实上是不准确的,请读者明知。

莫不有文武之道焉。夫子焉不学？而亦何常师之有？"[1]子贡的回答很玄乎，他说，"周文王、周武王的圣人之道并没有坠落在地上，而在人们的掌握之中。贤能的人掌握了它大的方面，不贤能的人掌握了它小的方面，没有什么地方没有文武之道。我的老师什么地方不可以学习呢？他又何必一定要有一个固定的老师呢？"意思很明白，我老师孔子，虽不是出身名校，但他可以随时随地向任何人学习，可谓是"天涯何处无老师，何必单学一个人"。用唐代大文学家韩愈的说法，就是"道之所存，师之所存也"，只要是知识存在的地方，就有老师的存在。

大孝子郯子老师

公元前525年，鲁昭公十七年，鲁国附属小国郯国的国君郯子，来朝见鲁昭公。他给鲁国的君臣们搞了一次培训，重点讲解了郯国的官职用鸟来命名的原因。孔子是普通老百姓，自然没有资格参加培训，但孔子不想失去这个千载难逢的机遇，连夜赶到郯子下榻的宾馆，向郯子请教。郯子被这个勤奋好学的青年所感动，与他彻夜长谈，将自己的知识全部教给了孔子。

---

[1] 见《论语·子张》。

第四章
"学霸"炼成之路

郯子除了知识渊博外,还是个极为孝顺的人。我国古代《二十四孝》一书中记载了他"鹿乳奉亲"的故事。郯子的父母年老体衰,大概是患了"白内障",什么也看不见了,想吃鹿奶。郯子就穿上鹿皮衣服混进鹿群,挤鹿奶拿回来给父母吃。一个猎人看见了要拿箭射他,郯子说了实话,猎人被感动,就放了他。

孔子连夜赶到宾馆,不是去索要明星的签名,而是去讨教知识,这种不看"颜值"只爱知识的好学精神,值得我们学习。事后,孔子感叹道,周天子那里已经没有主管这类事情的人了,像郯子这样有学问的人,已经散落于四方了。

事情确实是这样。春秋时期,作为周朝名义上的国家元首,周天子的权威基本上已经荡然无存了。诸侯国各自为政,对周天子,客气点是不理你,不客气是欺负你。周朝的国立大学也失去了生源,大学教授们纷纷自谋职业,人才流失很严重。特别是象征中央权威、只有周天子才能拥有的音乐家们,有的被诸侯国挖了墙脚另谋高就,有的四处流浪,下海谋生去了。周朝的首席大乐师到了齐国,二乐师去了楚国,三乐师去了蔡国,四乐师去了秦国,打鼓的方叔流落到黄河之滨,摇小鼓的武跑到汉水附近,全都成了江湖艺人啦。

孔子把这种现象叫做"天子失官,学在四夷",意思是周天子的这些专业官员纷纷流失,知识都随着他们跑到边远偏僻的地方去了。现在的历史学家称这种现象叫"文化下

移",也就是说,原来专属于贵族的受教育的特权,随着这些知识分子纷纷流落到民间,普通老百姓也多了受教育的机会。这是周天子的悲哀,却是以孔子为代表的平民的幸运。因为,他们受教育的几率大大提升。这也为后来孔子创办私人学校,做中国最早最牛的民办大学的校长,提供了客观条件。

拜在顶级音乐大师门下

公元前518年,孔子拜访了周朝著名音乐理论家和天文学家苌(cháng)弘。苌弘是当时最博学多才的人之一,知识丰富而庞杂,号称"智多星",特别在天文学和音乐理论方面造诣深厚,可以称得上是周朝的"最强大脑"。

孔子虚心地向苌弘请教了经典音乐歌舞剧《武乐》和《韶乐》的优劣问题。苌弘告诉孔子,《韶乐》是舜帝时的歌舞,而《武乐》是周武王创作的,从舜帝和周武王二人的功绩来看,他们明显不在一个档次上。从音乐的内容上来看,《韶乐》美轮美奂尽善尽美,而《武乐》曲调隐含晦涩,尽美却不尽善。这次学习对孔子的音乐思想产生了深远的影响。

光是通晓音乐理论,那也就是一个默默无闻的幕后制作人,要像周杰伦一样大红大紫的话,还得熟练掌握各种乐器的演奏技巧。虽然孔子的理想并不是做个"音乐人",但孔子天性好学,追求知识像猎人追逐猎物一样。所以,孔子又拜访了鲁国著名的乐师师襄子（也有人说是卫国的乐师），学习古琴演奏艺术。

作为"骨灰级"的"发烧友"，孔子的演奏技术已经非常高明，师襄子一听，就知道孔子是个行家。但孔子在听了师襄子的演奏之后，才发现自己简直不是弹琴，而是弹棉花，于是就跟着师襄子学习演奏技术。半个多月过去了，孔子还在练习同一首曲子。师襄子觉得孔子的水平已经很高了，但孔子说自己的技巧还不娴熟。又过了几天，师襄子觉得孔子的水平可以在国家大剧院办独奏音乐会了，而孔子却说还没有领会曲子的神韵。又过了几天，师襄子听孔子的演奏已经颇有原曲的神韵，可以去维也纳的"金色大厅"了，而孔子却说还没有体会出作者作曲的心情。直到有一天，孔子说，"我已领悟到作者的为人风貌了，这样的曲子，除了周文王还有谁能作得出来呢？"此语一出，师襄子惊为天人。他说："是呀是呀，我的老师向我传授此曲的时候，正是说此曲名叫《文王操》呀！"

这个故事告诉我们，学习的道路没有捷径，伟大的成就都来自于脚踏实地艰苦的练习。

和小朋友玩一场"脑筋急转弯"

知识不是金钱，金钱只依附于富人；而知识是公正的，

它只会在勤奋好学的人身上出现。孔子认为，求学要"不耻下问"，因为"三人行，必有我师焉"。正确的学习态度，应该是"知之为知之，不知为不知，是知也"[1]。孔子认为，向不如自己的人请教不丢面子，不懂装懂才是耻辱。所以，求学就是一个"择其善者而从之"的过程。后来，已经成为大学者的孔子，还曾经向一个七岁的小朋友请教过问题。这个小朋友叫项橐（tuó），是春秋时期有名的神童。

　　传说孔子与弟子们在齐国工作的时候，有一次出行，有个叫项橐的小朋友挡路不让过去，说要和孔子玩"脑筋急转弯"的游戏，这符合儿童的天性。条件是孔子赢了他，才能让路，孔子欣然同意。项橐问，天上有多少颗星星？地上有多少种植物？人有多少根眉毛？孔子一下子蒙了，摇头说不知道。项橐得意地说，天有一夜星辰，地有一茬五谷，人有黑白两根眉毛。项橐再问，什么水没有鱼？什么火没有烟？什么树没有叶？什么花没有枝？孔子说这不是胡说八道吗，谁都知道水中都有鱼，是火就有烟，没有叶不成树，没有枝又哪有花呢。项橐听后晃着脑袋说，井水无鱼，萤火无烟，枯树无叶，雪花无枝。虽然答案有点牵强，但也显示了项橐小朋友的机智与灵活。项橐又问了一系列高难度的问题，孔子满头大汗无言以对。孔子输了，心甘情愿地向这个七岁的

---

[1] 见《论语·为政》。

孩子行礼，向他学习。《三字经》中"昔仲尼，师项橐，古圣贤，尚勤学"，说的就是这个故事。

老子的教诲

孔子的前几个老师，除了七岁的小朋友外，都是著名学者，但还算不上大师级的人物。他还有一位老师，堪称武林至尊宗师级的人物——老子。老子这名字听起来就高大上，显得特别有学问，事实确实如此。老子，名聃（dān），"聃"的本意是耳朵又大又长的意思，可以想象，老子定是长了一对"招风耳"。老子是楚国人，他创立了道家学说，后来更被尊称为中国道教的始祖，中华民族伟大的思想家。在世界文化史上，老子也是最伟大的哲学家之一。

孔子对老子仰慕已久，很早就计划去拜见，向他请教关于礼的问题。但"理想很丰满，现实很骨感"，万事俱备，孔子就差钱了。幸好孔子开办的私人学校，有两个有钱有势的"官二代"，他们是鲁国执政孟僖（xī）子的儿子，一个叫孟懿（yì）子，另一个叫南宫敬叔。孟僖子作为执政大臣，曾经陪同鲁国国君出访外国，那时候外交礼仪技术含量很高，除了每说一句话，都要合情合理地引用《诗经》的诗句之外，还有更多搞不懂的礼仪。作为国君的陪同人员，孟僖子对外交礼仪一无所知，搞得国君在国际场合"糗大了"。孟僖子

回来就立下遗嘱,让自己的两个儿子跟着孔子学习礼仪。这个事情说明,此时的孔子,在鲁国的上层阶级眼中,已经是个博学多才精通礼仪的人了。

虽然这两个贵族子弟的成绩不咋样,后来也没啥学术地位,更不是孔子最喜欢的人,却给孔子带来了巨大的帮助。"近水楼台先得月",也许是南宫敬叔利用和鲁昭公关系亲密的条件,向鲁昭公打了个申请,请求对他和孔子外出考察学习活动给予大力支持。鲁昭公很大方地批了条子,给他们了一辆车、两匹马,一个驾驶员外加一个仆人,并且承诺报销来回路费,资助他们去周朝的首都洛阳游学。

孔子去了洛阳,除了去参观周朝的太庙、明堂,感受周朝的"礼乐"文化之外,他此行的重要目的,就是要拜访著名思想家、周朝国家图书馆馆长老子。老子保持了一贯的谦虚和低调,亲自到郊外去迎接孔子一行。孔子也很懂礼貌,送了一只大雁作为见面礼。在老子的帮助下,孔子在周朝图书馆,夜以继日、如饥似渴地阅读了大量图书典籍,其中有很多是外界根本看不到的珍贵典藏。那时候纸张还没有被发明出来,更没有先进的复印扫描技术,孔子如何在短时间内记住消化那些知识,已经成为一个谜了。

老子向孔子传授了很多关于周礼的知识,据说他还带孔子一起主持过一个很重要的葬礼。在孔子要离开的时候,老子对孔子说,"有钱的人送钱,有德的人送言,我是个穷人,就冒充仁人送你几句话吧。(以下几句话,用香港的"TVB 体"念出来,更能体现老子的心情)做人呢不能太聪明,聪明人呢往往死得快;与人交往呢不能太苛刻,不要议论别人,也别老是揭别人的短,因为这样就会很危险。做人呢千万不能太任性,不管是做个普通人还是公务员,都得低调行事"[1]。也不知道孔子听进去了没有,反正孔子感觉和老子不是一路人。但孔子的思想中还是有老子的影子。孔子曾经对弟子子路说,"道不行,乘桴浮于海。从我者,其由与?"[2] 意思是"主张行不通了,我想坐个木筏到海外去,跟随我的恐怕只有仲由吧"。言外之意是实在不行的话,干脆和徒弟子路一起移民海外好了。

其实,孔子尊崇的是老子的学术地位和影响力,对老子的那一套理论并不感冒。孔子是个乐观主义者,未来美好,前途光明,而我们每个人都使命在身责任重大。他认为人生就要奋斗,没有理想和无所事事的人是可耻的。对于理想,哪怕是"知其不可为",也要"为之",也就是说"有条件要上,没有条件,创造条件也要上"。但老子不一样,他是

---

[1] 见《史记·孔子世家》。"而老子送之曰:吾闻富贵者送人以财,仁人者送人以言。吾不能富贵,窃仁人之号,送子以言,曰:'聪明深察而近于死者,好议人者也。博辩广大危其身者,发人之恶者也。为人子者毋以有己,为人臣者毋以有己。'"
另,《史记·孔子世家》中的记载和《史记·老子韩非列传》中的记载不同,本书取《史记·孔子世家》中的说法。
[2] 见《论语·公冶长》。

个典型的悲观主义者,认为社会黑暗、世界没救了。欲望是万恶之源,一有欲望就玩完,不如清心寡欲清静无为躲起来修身养性。

虽然与老子的思想不同,但孔子对老子的崇拜,溢于言表。孔子告诉弟子们,世界万物中,鸟飞得很高,但用网可以捕捉;鱼在水底游,但用网可以捉到,因为它们都是有形的东西。只有龙,乘风云而上天,千变万化不可捉摸。我师父是谁,是老子,老子是谁,老子就是见首不见尾的神龙啊。[1]

老子的名人效应发挥了很大的社会效益和经济效益。从老子那里学成归来之后,孔子的影响力更大了。他创办的学校,生源急剧扩张,除了鲁国的学生外,还有很多来自其他国家的留学生,孔子的学校一跃成为春秋时期各私人学校中的龙头老大,其地位相当于当今培养白领的"新东方",培养蓝领的"大蓝翔"。

十七岁的雨季

十七岁是如诗如梦的年纪。有一首歌叫《十七岁的雨

---

[1] 见《史记·老子韩非列传》。"鸟,吾知其能飞;鱼,吾知其能游;兽,吾知其能走。走者可以为罔,游者可以为纶,飞者可以为矰。至于龙,吾不能知,其乘风云而上天。吾今日见老子,其犹龙邪。"本书采取意译。

季》,是《爸爸去哪儿》的"老鲜肉"林志颖唱的。当年林志颖青春无敌,蹦蹦跳跳地唱道,"十七岁那年的雨季,我们有共同的期许",唱出了少男少女们童话般的浪漫和无忧无虑的青春。

但那是他们的十七岁。孔子的十七岁,与快乐无关。

十七岁,孔子遭遇了人生中最大的打击。与他相依为命,为他遮风挡雨,教他读书做人的母亲走了。从此以后,他成了孤儿,只能在那个"礼崩乐坏"的乱世,独自面对未知的生活了。

十七岁的孔子,怀着悲痛的心情,认真办理着母亲的丧事。按照"死则同穴"的礼制,孔子要把父母合葬。

让世界充满爱

母亲颜征在没有看到自己的儿子,像丈夫叔梁纥一样,在如麻的乱世中,凭借自己的勇力,创造出一个武士的传奇。母亲是带着期盼和不舍离开这个世界的。这个伟大的母亲,她的一颦一笑,深深镌刻在孔子的心上;这个伟大的母亲,她的言传身教,培养了孔子坚韧不拔的勇气、勤勉好学的品性。

在母亲的影响下,孔子内心火热,甚至野心勃勃。也许孔子听说过鲁国高官叔孙豹的名言,"太上有立德,其次有立功,其次有立言,虽久不废,此之谓不朽"。叔孙豹告诉人们,人

生的最高境界是做个有道德的人,实现道德理想;其次是有事业追求、建功立业;再次是有知识有思想、著书立说。这三者是人生不朽的表现。孔子是个重度理想主义者,他渴望用自己的努力,"立德立功立言",实现人生的"三不朽"。

在母亲的影响下,孔子成了内心洋溢着浓浓爱意,像"大白"一样的"暖男"。成年后,他致力于人类最温暖的事业,创立了儒家学派,确立了"仁"的思想。他开办了私人大学,并通过三千弟子将思想传承下去,从而让儒家文化融入炎黄子孙的血液,沉淀为中华民族的集体性格。

作为一个伟大的哲学家,孔子最核心的思想是"仁"。什么是"仁"?孔子的弟子樊迟也很感兴趣,他曾经一边驾车一边请教孔子。孔子回答说,"仁者爱人"。孔子的回答简明扼要,而儒家学派的第二号人物孟子,则详细阐述了孔子的思想。他说,"仁者爱人,有礼者敬人。爱人者,人恒爱之;敬人者,人恒敬之"[1]。意思是,"有仁德之心的人关爱别人;有礼让之心的人尊敬别人。你爱别人,别人也爱你;你尊敬别人,别人也尊敬你"。人生就是一个你与他人双向互动的过程,就像在你面前摆了一面镜子一样,你对别人的态度,映照着别人对你的态度。你对别人张牙舞爪,别人可能会对你舞枪弄棒;你给别人一个温暖的微笑,别人会

---

[1] 见《孟子·离娄章句下》。

还你一个友善的拥抱。所以，在复杂的人际关系中，爱和微笑是制胜的终极武器。

孔子梦想建立一个人人自爱、人人爱人的世界。人人自爱就要"修己"，像太上老君把孙悟空扔进炼丹炉捶打淬炼一样，我们也要锤炼自己，直到像个君子一样"不忧不惧"。因为，无论是什么样的处境，君子都不忧虑不害怕[1]。孔子告诉我们，面对生活，要以平和的心态，既不仓皇失措，也不得过且过。纵然时光流淌，我自不慌不忙。

人人爱人就是"安人"。孔子告诉子贡说，"己欲立而立人，己欲达而达人"[2]，"你要想在社会上立得住脚，就要

---

[1] 见《论语·颜渊》。司马牛问君子。子曰："君子不忧不惧。"曰："不忧不惧，斯谓之君子已乎？"子曰："内省不疚，夫何忧何惧？"

译文：司马牛问怎样做一个君子。孔子说："君子不忧愁，不恐惧。"司马牛说："不忧愁，不恐惧，这样就可以叫做君子了吗？"孔子说："自己问心无愧，那还有什么忧愁和恐惧呢？"

[2] 见《论语·雍也》。子贡曰："如有博施于民而能济众，何如？可谓仁乎？"子曰："何事于仁，必也圣乎！尧舜其犹病诸！夫仁者，己欲立而立人，己欲达而达人。能近取譬，可谓仁之方也已。"

译文：子贡说："假如有一个人，广泛地给人民好处，又能帮助大家生活得很好，怎么样？可以说是仁人了吗？"孔子说，"何止是仁！简直就是圣人了！尧舜也不一定做得到呢。仁是什么？自己要站得住，那就要别人也站得住，自己要想事事都行得通，那也要让别人也行得通。能够就眼下、眼前的事情，选择例子一步步去做，可以说是实践仁道的方法了。"这一段话非常重要，体现了孔子"仁"的核心思想。

帮别人立得住脚；你想通达无碍取得成功，也要帮别人通达无碍取得成功"。从这个意义上说，爱是一个持续向外释放善意、持续践行善事的过程。

爱是全世界的通用语言。在《圣经》中，上帝告诉他的子民们，"我赐给你一条新命令，乃是叫你们彼此相爱，我怎样爱你们，你们也要怎样相爱"。有一则寓言，在地狱里，每个人用长勺子吃饭，勺子比胳膊长，每个人都奉行"他人即地狱"的理念，眼中只有自己，不懂得相互帮助，所以美味佳肴只是"看起来很美"，吃不到嘴里，所以饥饿难耐苦不堪言。在天堂里，每个人用长勺子吃饭，勺子比胳膊长，但每个人都奉行"他人即天堂"的理念，大家相互喂食吃，所以其乐融融幸福爆棚。这则寓言启示我们，送人玫瑰，手有余香。善待别人就是关爱自己，奉献永远比索取获得的快乐多。

在孔子梦想的世界，每个人都是太阳，它发光发热，温暖自己，同时照耀别人。在《礼记》的记载中，孔子这样描述理想的世界，"故人不独亲其亲，不独子其子，使老有所终，壮有所用，幼有所长，鳏（guān）寡孤独废疾者，皆有所养"。这是一幅多么美妙和谐的图景啊。在那个世界里，"人们不单单赡养自己的父母，也不只抚养自己的儿女，让老年人能终其天年，中年人能为社会效力，幼童能顺利成长，让老而无妻的人、老而无夫的人、幼而无父的人、老而无子的人、残疾人都能得到社会的供养"。

第四章
"学霸"炼成之路

在孔子的心中,这样的社会就是"大同世界"。为了建立"大同世界",孔子率领他的学生们,东奔西走,周游列国,四处搞咨询、办讲座、投简历、找工作,到处参加"招聘会",希望能做官,从而实现自己的政治理想。

阳货是个什么"货"

十七岁了,孔子需要确立自己的社会地位,他希望像父亲一样,通过自己的努力,重新获得"士"的贵族身份。

为了招揽人才,鲁国执政季孙氏在他家办了一个"猎头大会",宴请各方贵族士人,孔子觉得机会来了。这个时候,孔子虽然没车没房父母双亡,但他有着强烈的自信。论地位,他是"鲁国三虎将"、县长叔梁纥的儿子;论能力,他已经熟练掌握了"六艺",且身体健壮弓马娴熟。总之,孔子认为自己完全有资格参加这个"精英大会"。因为母亲刚刚去世,孔子身着丧服,腰间系着麻绳就去了。在门口,一个大个子拦住了他,此人正是季孙氏的家臣阳货,相当于季孙氏的秘书。阳货,听名字好像阳光灿烂,实际上却阴风惨淡。阳货告诉孔子,我们宴请的是"士",你是来"看"我们吃饭的吗?总之是非"士"勿扰,非请勿进。

孔子压抑着内心的怒火与失落,默默走开。

阳货这货,与孔子似乎是天生的仇家,反正是有阳货没

孔子，有孔子没阳货的关系。多年以后，直到阳货作乱被打败逃走之后，孔子才肯出来做官。后来，阳货的地位越混越高，由"秘书"到"秘书长"，最后干脆把季孙氏抓了，自己当领导，执掌鲁国的政权。

在孔子所处的春秋时代，鲁国的政治格局就像是一场闹剧。国家权力本来应该在鲁国国君的手里，结果被"秘书"季孙氏抢走了，而作为季孙氏的"秘书"，阳货又从季孙氏手里抢走了权力。也就是说，鲁国国君和季孙氏就像两个"提线木偶"，都被阳货控制了。他们在台上貌似欢畅，其实暗自忧伤。这种现象，孔子叫"陪臣执国政"。这种状态，很像一些王朝的宦官专权的乱象。

孔子历来主张"礼"，讲究贵贱、尊卑、长幼的顺序不能混乱，"在其位，谋其政"，在什么位子，做什么事。用现在的政治术语说，权力既不能缺位，更不能越位。阳货本来是季孙氏的"生活秘书"，现在却要给鲁国人民做"秘书长"，管理全国百姓的生活，这显然是一种违背礼制的行为。所以，孔子很不高兴。

阳货取得了国家权力，也开始重视人才了。已经成为国际知名学者的孔子，自然成为阳货拉拢的对象。他曾经送给孔子一头蒸熟的乳猪，希望孔子吃了他的猪肉后，"吃人的嘴软"而为他服务。孔子虽然不是个小心眼，但他显然没有忘记，阳货当年不请自己吃饭的耻辱，更没有忘记，阳货"篡党夺权"的无礼行为，于是也送了阳货一头乳猪，意思是猪肉不吃官不做，从此两清。

艰难谋生努力学"礼"

孔子从十七岁开始艰难谋生，"艰难困苦，玉汝于成"，贫困的生活显然阻挡不住孔子奋然前行的脚步，孔子就像一棵新生的翠竹，纵然柔弱，但总能在狂风暴雨之后愈发挺拔而苍翠。

为了生存，孔子找过好多工作。后来，他回忆自己少年生活，曾经说"吾少也贱，故多能鄙事"[1]，意思是说，"自己小时候很穷，为了生活，做过很多最底层的工作"。据说他做过丧礼的吹鼓手和主持人，后来还在季孙氏手下做过会计和饲养员。由于他做事认真负责，且善于学习，做会计时，没有贪污受贿挪用公款，更没有出过一次差错。在做饲养员时，他的牛羊总是长得膘肥体壮。可以说，孔子是干一行爱

---

[1] 见《论语·子罕》。太宰问于子贡曰："夫子圣者与？何其多能也？"子贡曰："固天纵之将圣，又多能也。"子闻之，曰："太宰知我乎！吾少也贱，故多能鄙事。君子多乎哉？不多也。"

译文：太宰问子贡："你老师是圣人吗？为什么如此多才多艺？"子贡说："老天本来就要他成为圣人，又要他多才多艺。"孔子听说后，说："太宰了解我呀！我小时候生活艰难，所以会干一些粗活。贵族会有这么多技艺吗？不会有的。"

一行成一行的典范。

假如孔子这样干下去,他的前途应该不会太坏,他会是底层老百姓当中的能人。但他头顶将永远横着一块天花板,他向上流社会进军的道路将被完全堵死。孔子显然不甘心这么平庸下去,理想之火熊熊燃烧,推动他奋勇直前。

为了学习古代的礼制,大概在十八岁左右,孔子曾经到国外进行短暂的游学活动。他去过杞国。杞国是夏朝王室之后,因为国家很弱小,所以老是被大国欺负。动荡的环境让杞国人睡不好吃不香,整天担心天会塌下来。所以有了"杞人忧天"的成语。孔子希望在杞国能找到夏朝礼制的遗存,但他失望了。后来孔子说,"夏礼吾能言之,杞不足征也",意思是"夏朝的礼制我能说得头头是道,但是杞国并没有文献来证明我的观点"。孔子又去了宋国,那里是他的故乡,因为宋国是商朝王室的后代。孔子希望在宋国找到商朝礼制的遗存,但是他再一次失望了。所以孔子又说了,"殷礼吾能言之,宋不足征也"[1]。

虽然在礼制上没有找到什么有价值的东西,但孔子的宋国之行,却是价值连城。他在那里认识了个叫亓(qí)官氏的姑娘,并将她迎娶回鲁国,完成了一段浪漫的"跨国婚姻"。

婚后第二年,孔子有了儿子,国君鲁昭公派人送了条鲤

---

[1] 见《论语·八佾》。"夏礼吾能言之,杞不足征也;殷礼吾能言之,宋不足征也。文献不足故也。足,则吾能征之矣。"

第四章
"学霸"炼成之路

鱼作为贺礼。孔子受宠若惊,给儿子起名叫孔鲤,字伯鱼。孔鲤在学问上没有什么大的建树,唯一可以自豪的是,他的儿子孔伋,字子思,子思认了个师父叫曾子,收了个徒弟叫孟子[1],这几个人都是中国文化史上的牛人,后人把孔子、孟子、颜子、曾子、子思共称为"五大圣人"。所以,孔鲤曾很自豪地对子思说,你爸爸比不上我爸爸;对孔子说,你儿子比不上我儿子。孔鲤的话告诉我们,你可以不完美,但你总有别人不可替代的地方;你可以不优秀,但可以学着幽默,适当的自嘲会让你更受欢迎。

---

[1] 学术界对子思是否真的是曾子的弟子、孟子是否真的是子思的弟子,一直存在争论。此处按照一般的说法。

第五章

到齐国打捞梦想

孔子"十有五而志于学",这说明,他有着更高的人生追求,下定决心要"好好学习天天向上"。"好好学习"是指要努力学习一切谋生安身的技能;"天天向上"是指要像登山一样,让自己的道德修养每天都能够得到提升。理想一定要远大,但生活必须要脚踏实地,因为,没有人可以生活在虚无缥缈的海市蜃楼里。

虽说孔子认为君子"谋道不谋食",人要有更高的志向,去追求真理和正义,而不是做个"吃货",整天想着吃香的喝辣的。孔子这种远大理想固然不错,但谁也不能像仙人一样,餐风饮露不食人间烟火。所以,对孔子来说,最要紧的是先找个工作,养活自己。

第五章
到齐国打捞梦想

填饱肚子是很"Low"的境界

为了谋生,孔子学会了好多本领。他熟练掌握了纷繁复杂的各项礼仪知识,成了个业务娴熟、客户资源丰富的主持人。他还在季孙氏的手下,做过会计,放过牛羊,虽然都是地位不高的基层小办事员,但靠着勤奋好学和踏实的工作态度,孔子还是引起了鲁国执政季孙氏的关注。

但孔子的志向绝不只是填饱肚子,在乱世中保全生命,那样的境界实在太"Low",面对乱世,孔子忧心忡忡,他还有更高的追求。

在孔子眼里,当时的社会乱成了一锅粥。无论是鲁国,还是其他国家,都是一片混乱,而尧舜禹时代才是真正的"黄金时代"。退而求其次的话,西周起码是个"白银时代"。有首著名的摇滚叫《梦回唐朝》,要是孔子唱的话,他肯定要改编成《梦回西周》。因为在孔子看来,周朝那时候国君贤明,大臣努力,礼制完备,老百姓安居乐业。人们各安其位,其乐融融。他极力赞美西周时代,"周监于二代,郁郁乎文哉!吾从周"[1],意思是,"周朝的礼仪制度借鉴了夏、商二代,在此基础上演变发展而建立起来的,是多么丰富而完备

---

[1] 见《论语·八佾》。

啊！我遵从周朝的制度"。孔子很自信，他渴望有一片乐土，能让他实现自己的政治理想——"如有用我者，吾其为东周乎"[1]。孔子在大声呼唤，"如果有国君给我个位子的话，我就能在东方复兴周的礼制"。

这就是伟人的境界。因为伟人从来不考虑自己的悲欢离合，而是关注天下众生——他们的快乐和哀愁，幸福和苦难。差一点得了诺贝尔文学奖的著名作家林语堂先生说，"伟人都是为别人活的，当别人不领情或不太领情的时候，他还是干得很起劲。因为他们都是神转世的或受最高神灵的指派而来的，他们活着有永远完不成的使命"。为什么孔子能够有"知其不可为而为之"的坚强，是因为他心中始终鼓荡着强烈的使命感。而他的使命就是恢复周礼，回到那个朝思暮想的黄金时代。

孔子的弟子曾参在《大学》中说，"大学之道，在明明德，在亲民，在止于至善"。翻译成现代文就是，"大学的追求，在于彰显光明的德行，在于亲爱人民，在于使人们达到至善的道德境界"。这里的"大学"，不是现代意义上的哈佛、北大这样高大上的高等学府，而是指高深而广大的学问。修炼这样学问的最终目标是，提升并完善自己的道德修养，从而亲近、关爱老百姓，让所有人都朝着至善至美的道路上前进。

---

[1] 见《论语·阳货》。

也就是说，孔子的境界一点都不"Low"，他从小就立下了为国家服务，教育国人，带领他们走向道德至善天堂的志向。

各国进入了"互掐模式"

春秋时期是我国历史上很有意思的一个阶段，这是一个战争频繁，但大师辈出的时代。关于春秋的来历，一般的说法是，鲁国史官把当时各国的重大事件，按年、季、月、日记录下来，一年分春、夏、秋、冬四季记录，简括起来就把这部编年史名为"春秋"，后人就把这个时期称之为春秋时期。

春秋时期，东周在名义上还是个统一的国家。东周的统治者名义上也算是个天子，但只是理论上的。估计除了周天子把自己看成天子之外，没有其他人承认了。规则就是被用来打破的，春秋时期君臣、父子等原有的社会秩序被打破，这是一个没有规矩的时代。

这个时期，各诸侯国仿佛被设定成了"互掐模式"，大家没事就打一架。就像自然界大鱼吃小鱼，小鱼吃虾米，小虾没办法，只好吃沙的"丛林法则"一样，大国喜欢欺负小国，小国没办法，就去欺负更小的国家。大家都各怀鬼胎，大国想着称霸能够成为老大。齐桓公、晋文公、宋襄公、秦穆公、楚庄王这五大牛人，相继称霸，历史上称为"春秋五霸"。

对于这个排名,吴王阖闾(hé lú)和越王勾践这对老冤家表示很不服气,他们认为自己也曾经当过老大。所以"春秋五霸"的另外一个版本是,齐桓公、晋文公、楚庄王、吴王阖闾和越王勾践。那些小国没有办法,就挖空心思想跟着哪个老大混,从而保全自己的国家,更小的国家只能等死。

在权力的分配上,各国诸侯架空了周天子各自为政,各诸侯国中,有实力的大臣又架空了国君成为实际的执政者,而这些执政者又被手下的"秘书"架空了权力,这些"秘书"被家里的老婆架空了权力也未可知。这是一个"倒金字塔"形的权力结构。居于上层的统治者固然可以登高望远,但只是个能吓唬小鸟的"稻草人",居于下层的诸侯、大臣却在享受权力的果实。这种不正常的状态,自然会引起战争。据历史学家司马迁统计,在春秋时期,有三十六个国君被杀掉,五十二个诸侯国被灭掉,大小战争四百八十多次。总之,春秋时期是一个乱哄哄,"你方唱罢我登场"、"城头变幻大王旗"的时代。

孔子做官的标准

孔子二十多岁了,娶了老婆生了儿子,做过基层小官,虽然没有如愿进入上流社会,但生活上也还不错。这个时期是他的"潜伏"阶段。为了实现理想,他其实早就想出来做官了。

第五章
到齐国打捞梦想

孔子是个"官迷",但也不是没有原则,什么官都做。他始终坚持一个标准,"天下有道,则政不在大夫",意思是,"天下的政治秩序比较正常的时候,权力不会旁落在大臣的手里"。"大夫",现在指医生,而在古代是指高级官员。孔子说:"天下有道则见,无道则隐。邦有道,贫且贱焉,耻也;邦无道,富且贵焉,耻也。"[1] 孔子认为,"天下政治清明时,就出来做官实现抱负,天下政治黑暗时就躲起来享清闲。国家政治清明时,自己没吃没喝,那是自己没本事,是耻辱;国家政治黑暗时,你和坏蛋们同流合污混吃混喝,大发国难财自己享受荣华富贵,也是耻辱"。

让我们来看看鲁国。事实上,鲁国是春秋时期"礼崩乐坏"的一个典型缩影。首先,鲁昭公是个傀儡国君,大权旁落在"三桓"手里。这"三桓"其实不是别人,而是鲁桓公的后代。到了鲁昭公的时代,孟孙氏、叔孙氏和季孙氏三家共同把持国政,其中实力最强的是季孙氏。鲁昭公十分"悲催",包括他在内的五代国君,都是端坐台上,外表风光、

---

[1] 见《论语·泰伯》。子曰:"笃信好学,守死善道。危邦不入,乱邦不居。天下有道则见,无道则隐。邦有道,贫且贱焉,耻也;邦无道,富且贵焉,耻也。"

译文:孔子说:"坚定地相信我们的道,并努力学习,誓死保卫这种道义。不进入危险的国家,不居住在动乱的国家。天下太平,就出来工作;不太平,就隐居。政治清明,自己贫贱,是耻辱;政治黑暗,自己富贵,也是耻辱。"

内心彷徨的"提线木偶"。而实际执掌大权的季孙氏,情况也好不到哪里去。他的权力被家臣阳货窃取,从这个意义上讲,他只是个权力的"二传手"而已,最后发号施令的,还是那个家臣阳货。孔子把这种现象叫做"陪臣执国命"。

孔子曾经预言,"天下无道,则礼乐征伐自诸侯出。自诸侯出,盖十世希不失矣;自大夫出,五世希不失矣;陪臣执国命,三世希不失矣"[1]。翻译成现代文就是,"世道清明,那么制作礼乐和发令征伐的权力都出自天子;世道混乱,那么制作礼乐和发动战争的权力都出自诸侯。出自诸侯,大约传至十代很少有不失去权力的;出自大夫,传至五代很少有不失去权力的;大夫的家臣操纵了国家的政令,传至三代很少有不失去权力的"。面对"陪臣执国命"的状态,孔子是不会出来做官的。但是孔子一刻也没闲着,他不断努力,充实自己的学问,提高自己的知名度。他就像一支正在拉满的箭,随时处于发射状态。

---

[1] 见《论语·季氏》。孔子曰:"天下有道,则礼乐征伐自天子出;天下无道,则礼乐征伐自诸侯出。自诸侯出,盖十世希不失矣;自大夫出,五世希不失矣;陪臣执国命,三世希不失矣。天下有道,则政不在大夫。天下有道,则庶人不议。"

译文:孔子说:"天下有道的时候,制作礼乐和出兵打仗都由天子做主决定;天下无道的时候,制作礼乐和出兵打仗,由诸侯做主决定。由诸侯做主决定,大概经过十代很少有不垮台的;由大夫决定,经过五代很少有不垮台的。天下有道,国家政权就不会落在大夫手中。天下有道,老百姓也就不会议论国家政治了。"

第五章
到齐国打捞梦想

成为"大V"的秘诀

我们知道,坏蛋也可以做官,甚至比好人更容易,但是坏蛋肯定不会是个好官,因为做官首先要有高尚的道德情操。

因此,孔子认为,做官的前提首先是要修炼自己。子路曾经问孔子,怎样做才能成为君子。孔子回答说"修己以敬"。就是"修炼自己,保持严肃恭敬的态度"。子路再问,"如斯而已乎?""这样就够了吗?"孔子说"修己以安人"。意思是"修炼自己安顿别人"。子路打破砂锅问到底,"如斯而已乎?""仅仅这样就行了吗?"孔子终于放出"大招","修己以安百姓。修己以安百姓,尧舜其犹病诸?"[1]孔子告诉子路,"要修炼自己,让所有百姓都安乐,尧舜还怕难以完全做到呢"。可见,孔子的"修己"的目的不是做个洁身自好的人,他的最高目标是拯救这个混乱不堪的社会。

这段话,可以看作孔子关于修身三个阶段的总结。第一阶段是先修炼好自己。无论做人还是做事,都要恭敬严肃,态度端正。第二阶段是修炼自己,从而做一个对别人有用的人。用现代的说法就是,争着"学雷锋做好事","奉献自己提升别人"。第三个阶段就是把自己的本领奉献给天下的

---

[1] 见《论语·宪问》。

老百姓,用现代的说法就是,"全心全意为人民服务",让老百姓安居乐业,过上幸福美满的生活。

要做个君子,除了努力提升自己的道德修养,还要努力学"礼"。孔子特别重视"礼"的作用。他曾经抽查孔鲤的作业,问孔鲤今天学礼了吗?估计孔鲤有点小懒惰,但他很老实地回答说,还没有。孔子说,"不学礼无以立",不学习礼仪,不懂得规矩,以后在社会上将很难立足。

孔子不放弃任何学礼的机会。他到外国留学,为了学礼;他拜老子为师,为了学礼;他参观鲁国的太庙,也是为了学礼。他在鲁国太庙内到处找人问这问那,别人还笑话他,看这个"陬人之子",陬县县长叔梁纥的儿子,还自诩懂礼,其实什么都不懂。孔子倒不在乎别人的评价,说不懂就问,难道这不是礼吗[1]。总之,孔子认为,一个人要想在社会上有所成就,就必须学礼、懂礼,严格遵守社会的道德规范。

要让自己成为名人。作为一个没落贵族的后代,没有办法通过"拼爹"自动获得官位,只有努力提升自己、包装宣传自己。孔子用了将近十年的时间,把自己培养成春秋时期政府和民间舆论中著名的"大V",拥有数量可观的"粉丝"。

---

[1] 见《论语·八佾》。子入太庙,每事问。或曰:"孰谓陬人之子知礼乎?入太庙,每事问。"子闻之,曰:"是礼也。"

译文:孔子到了周公庙,每件事都要发问。有人就说:"谁说叔梁纥的儿子懂得礼呢?他到了太庙,每件事都要去问别人。"孔子听说后,就说:"这正是礼啊。"

他会在适当的场合，公开发表对时局、名人的评论，从而提高自己的"曝光率"。

子产的华美"逆袭"

国际知名人士、郑国著名宰相子产去世了，孔子大哭了一场，表示哀悼之情，并声情并茂地评价了子产的功绩。他说子产是"古之遗爱也"，称赞子产是古代文化培养出来的一个仁爱之人。他准确地总结了子产的四大优点，"其行己也恭，其事上也敬，其养民也惠，其使民也义"[1]。意思是，"子产的行为举止很谦恭，侍奉国君很恭敬，对待人民很慈惠，使唤人民合乎道义"。

平心而论，子产确实值得我们尊敬。他是春秋时期郑国的宰相，著名的政治家和思想家。他在做决策时，从来不是"一言堂"自己大权独揽，而是搞集体民主决策。他会先找一个著名学者请教；再找一个足智多谋的人一起研究，搞民意测验，征求老百姓的意见；再让善于拍板的人做决定；最后派懂协调会办事的人去执行。总而言之，子产很好地执行了"民主集中制"的原则。

郑国人喜欢议论政治，没事就在"乡校"内议论国事。

---

[1] 见《论语·公冶长》。子谓子产，"有君子之道四焉：其行己也恭，其事上也敬，其养民也惠，其使民也义。"

就像北京的出租车司机一样，人人能侃会吹，仿佛个个都是高官亲戚，家家都有海外关系。"乡校"是古时乡间的公共场所，既是学校，又是老百姓聚会议事的地方。

有人建议子产，那些人没事就在"乡校"里喝酒侃大山，还老是说我们政府的不好，干脆把"乡校"给拆了吧。子产说，"乡校"是不能拆掉的。大家干完活在那里休闲一下，顺便说说国家的事情，有什么不好？老百姓喜欢的事情，我们就去做，老百姓反对的事情，我们就不做。老百姓才是我们的老师啊。他们发表意见，对我们是提示警醒，对郑国大有好处。从前，周厉王恨不得在老百姓嘴上贴上胶布不让人讲话，结果自己垮了台。这就像把大河堵起来，一旦河水决堤，后果不可想象，死伤的人会更多。与其堵不如疏，让人讲话，就像疏通河道，有怨气就让他发，有不满就让他讲，天塌不下来，反而会改正我们的错误，难道不是好事情吗？[1] 看来子产是我国历史上一个少有的有早期民主观念的思想家。

---

[1] 见《左传·襄公三十一年》。郑人游于乡校，以论执政。然明谓子产："毁乡校，何如？"子产曰："何为？夫人朝夕退而游焉，以议执政之善否。其所善者，吾则行之；其所恶者，吾则改之。是吾师也，若之何毁之？我闻忠善以损怨，不闻作威以防怨。岂不遽(jù)止？然犹防川，大决所犯，伤人必多，吾不克救也；不如小决使道，不如吾闻而药之也。"然明曰："蔑也，今而后知吾子之信可事也。小人实不才。若果行此，其郑国实赖之，岂唯二三臣？"本书采取意译法。

第五章
到齐国打捞梦想

子产高度重视法律的作用,他把刑法刻在一只大鼎上,向老百姓展示。这是我国有记录的最早的成文法。虽然它远远晚于古巴比伦的《汉谟拉比法典》,但这也是子产的一个伟大创举了。

子产刚开始执政的时候,大张旗鼓搞改革,损害了一些贵族的利益,很多人对他恨之入骨,甚至想杀了他。当时有首歌传唱很广泛:

子产子产,提倡什么节俭?

漂亮衣服,我们也不敢穿!

天天训练,天天训练,

田地荒芜了,也没时间干。

杀了子产!杀了子产!

我们心甘情愿!

可见子产的处境很糟糕。有一年,郑国的占星家认为郑国马上要发生大规模火灾,很多人就劝子产赶紧祭祀上天,而子产清醒地说,"天道远,人道迩,非所及也。"意思是,"天道和人道是不相干的,天人是分离的。"按照子产的理解,天道是自然规律,人道是社会准则和行为规范,这两者没有一毛钱的关系。可见子产是个民本主义者,他仁厚慈爱、轻财重德、爱民重民。仅仅过了三年,子产就取得了全国人民的尊敬,又有一首民歌流传开来:

我们的子女,是子产教育。

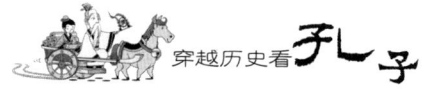

我们的田地,是子产开辟。

子产子产,你可不要死,

死了有谁继续?

从恨不得吃肉扒皮,到祝福长命百岁,子产完成了一次华丽完美的转身。

"借鸡生蛋"炒作法

著名政治家、思想家子产的去世,在国际上掀起了波澜。孔子在这个时候发表评论,时机恰当,手法巧妙,又吸引了一大批"粉丝""跟帖"。这是一种极高明的公关手段,理论上叫"借鸡生蛋"。举个例子吧,唐朝人汪伦为了蹭诗仙李白的热度,写信骗他说,此地有十里桃花万家酒店。李白过去一看傻了眼,桃花潭没有桃花,万家酒店就是一姓万的老头开的小酒馆。但李白还是为汪伦写下"桃花潭水深千尺,不及汪伦送我情"的千古名句,汪伦也得以在文学史上留名。

孔子还善于借助名师来打响自己的招牌。看他的那些老师们,哪一个不是江湖上如雷贯耳、声名赫赫的大佬?音乐老师中有苌弘——著名学者和天文学家、音乐评论家;师襄子——著名古琴演奏大师;礼仪老师老子——国际知名大学者和思想家。借助他们的名头,孔子的名气也水涨船高。生了儿子,鲁昭公专门送了鲤鱼来祝贺。从老子那里学成归来

第五章
到齐国打捞梦想

后,孔子的学校招生人数暴增。齐景公和著名宰相晏子来鲁国进行国事访问的时候,还专门邀请孔子,去参加"青年学者联谊会",并兴致勃勃地同年轻的孔子,进行了一场气氛融洽的谈话。

那一年,孔子大概三十岁。齐景公率代表团来鲁国进行国事访问。此时,孔子已经是国际知名的青年学者了。齐景公把孔子请过来,与他讨论了秦穆公称霸的原因。言外之意是,自家祖上齐桓公曾经称霸,齐景公也想混个江湖老大当当。孔子的回答很得体也很有见地。孔子说,治理国家什么最重要,人才!百里奚早年一贫如洗,四处打零工,终于在虞国做了官。后来晋国灭掉了虞国,百里奚很有骨气,拒绝在晋国做官,被当作陪嫁的奴隶送到秦国,历经千辛万苦才逃到楚国放牛。秦穆公听说百里奚很有才能,派人以五张黑公羊皮将他换回,给他官职,所以在百里奚的辅佐之下,秦国才强大起来。这里面有两层意思:一是作为国君要求贤若渴,善于发现并不拘一格使用人才;第二,百里奚值五张黑公羊皮,我孔子还不止这个价。百里奚能辅佐秦穆公称霸,我孔子也能让你国富民强。

孔子侃侃而谈,齐景公频频点头,气氛和谐而欢畅。

一场斗鸡引发的血案

有人的地方就有江湖,有江湖就有刀光剑影。古罗马人比较凶残,喜欢训练奴隶,让奴隶们和野兽搏斗,或者让奴隶们自相残杀。古罗马贵族们在斗兽场"吃着炸鸡喝着啤酒",优哉游哉地观看生命的垂死搏斗。而中国人就温和得多,相对来讲比较人道,基本上是以观看动物相斗为主。所以,中国历史上盛行过斗牛、斗马、斗狗等游戏,这些都是大型动物相斗,但也有人喜欢看小型动物相斗,比如斗鸡,甚至更小的如斗蟋蟀。

春秋时期,贵族们喜欢斗鸡。这或许是一种有"彩头"的赌博活动。双方主人各自放出一只鸡,让两只鸡以命相搏,直到一方的鸡认输为止。是比赛就要有规则,严禁作弊,就像我们考试的时候,不允许偷看"小抄"一样。

鲁国的执政官季平子和另一个贵族郈(hòu)昭伯相约斗鸡。季平子老奸巨猾,提前在鸡翅膀上涂上芥末粉,想迷瞎对手的鸡;而郈昭伯更是凶狠奸诈,他在自己的鸡爪子上绑上了铁钩。一方是下药,另一方是动刀,结果下药的没斗过动刀的,季平子的鸡被抓得体无完肤,季平子也败得一塌糊涂,估计是输了不少钱。季平子大怒,斥责郈昭伯不讲规矩,郈昭伯反唇相讥,说这简直就和"五十步笑百步"一样可笑,自己只不过是"以其人之道还治其人之身"而已。总之,两个没有体育精神、不讲规矩的人就打了起来。手握兵权的人绝不会亲自下场打架,而是各自派兵,一场由斗鸡引起的内战正式拉开了序幕。

邱昭伯不是季平子的对手,自己的封地被季平子派兵占领。邱昭伯就跑到鲁昭公那里去告状。鲁昭公早有扫平季平子的意思,就发兵去攻打季平子。

鲁昭公难道真的是想替一个不讲规矩的人,去教训另一个不讲规矩的人?鲁昭公没有这个闲心。鲁昭公其实不叫鲁昭公,他姓姬,名裯(chóu),是鲁襄公的儿子,在鲁襄公去世之后,十九岁的他登上君位。"昭"是他的谥号,"昭"在古文中有明白的意思,也就是说,后人评价他还算是个明白人。他之所以决定帮着邱昭伯去攻打季平子,主要是想借此机会,除掉季平子,重新夺回失落已久的权力。

快把"歌舞团"还给我

春秋时期,原来的规则被打破,各诸侯国不把周天子放在眼里。而有些诸侯国的权臣,也不把自己的国君当回事。

鲁国也是这样,鲁昭公和"三桓"之间势同水火,关系十分紧张。其实"斗鸡之变"还有另外一个导火索,那就是季平子坏了规矩,居然把鲁昭公专用的"歌舞团"拉到自己家,

载歌载舞祭祀自己的祖先。这种情况,鲁昭公怎么也忍受不了。一向强调高下尊卑、礼仪规范的孔子听说后,估计脸都涨红了,说:"八佾(yì)舞于庭,是可忍也,孰不可忍也?"[1],"佾"是奏乐舞蹈的行列,也是表示社会地位的乐舞等级、规格。一"佾"是指一列八个人,"八佾"就是六十四人的舞蹈队。按周礼规定,只有天子才有资格用"八佾"。

孔子的意思是,"季平子在他家庙的庭院里用八佾奏乐舞蹈,对这样的事情,你能忍,还有谁不能忍呢?"这话估计是说给鲁昭公听的。当然,这个解释有点牵强,按照著名国学家钱穆先生的说法,更准确的解释是:"这样的事情,季家都忍心做了,还有什么事情不忍心去做呢!"[2]

祭祀祖先是中国古代最重要的礼仪之一。其中一个规定就是让祖先们"饱饱眼福",用"歌舞团"歌之舞之,以奉上我们对祖先的敬意。按照礼仪的规定,什么级别的官员就用相应级别的"歌舞团"。你是周天子,就有资格用六十四个人的"歌舞团";你是诸侯国的国君,你就用四十八人的"歌舞团";你是大臣,那么你只能用三十二人的"歌舞团";你要是普通人,对不起,你没有这个资格,要么"自导自演",

---

[1] 见《论语·八佾篇》。"孔子谓季氏,'八佾舞于庭,是可忍也,孰不可忍也。'"
[2] 著名学者杨伯峻先生也持这种观点。参见中华书局《论语译注》第32页。

要么自个儿去请"草台班子"去。

鲁昭公二十五年,鲁昭公要祭祖,季平子也要祭祖。这种祭祖活动,就像我们在每年清明节去祭扫先人一样,也是每年一次。根据规定,国君祭祖,大臣们自然都要一起参加。按理说,季平子祭祖应该请示鲁昭公,您看什么时候祭祖啊?我想去帮个忙,表达下哀思和敬意。另外,我也要祭祖,您看我们是不是把时间给岔开啊。但季平子非但没有履行请假手续,反而自己先搞起祭祖来了。

鲁昭公开始祭祖了。他要把四十八个人的"歌舞团"都调过来,敲锣打鼓给祖先们欣赏。哪想到最后稀稀拉拉只来了十六个人,其他的人都哪去了?鲁昭公大怒。有人告诉他,"歌舞团"的其他人,早被季平子先生给调走了,现在可能正在他们家开演唱会呢。按照周礼的规定,鲁昭公享有的是四十八人的歌舞团,季平子享有的是三十二人的歌舞团。现在季平子把鲁昭公的三十二个人都给拉走了,加上自己家的,合起来就是六十四人,这个可是周天子的特权啊。也就是说,季平子不仅未把鲁昭公放在眼里,连周天子也成了空气。

我们可以想象,在那个庄严肃穆的场合,鲁昭公"告诉"自己的祖宗们,一会儿就有四十八个美女来表演,但最后才来了十六个,祖宗们肯定很生气,鲁昭公也很没面子。就好像你家办喜事,说好的请了一帮明星大腕来演出,结果最后连个"模仿秀"都没有办成,鲁昭公当众出丑,他决定再也

不和季平子"一起愉快地玩耍了"。

鲁昭公带着军队去攻打季平子,一开始季平子挺惨的,像个老鼠一样到处逃。眼看着就要被鲁昭公灭了,作为命运共同体的其他"二桓"——叔孙氏和孟孙氏出手了。他们认识到,自己和季平子就是"一根绳上的蚂蚱",季平子失败了,他们两家谁也跑不掉。结局不需要费心猜测,那个在祭祀时候出了丑的鲁昭公,这回更是栽了大跟头。他兵败如山倒,只好逃到齐国去,在齐国组织"流亡政府",准备东山再起,但到最后也没能成功,憋屈地死在晋国。

去齐国碰碰运气

孔子再也受不了了。

这是什么世道!国君惩罚犯错的臣子,反倒被臣子联合起来赶出自己的国家,长此以往,国将不国。反了,反了,孔子怒吼道。

国君逃跑了,三桓叛乱了,国家无道了,孔子绝望了。于是,孔子就跟着鲁昭公,跑到了齐国。

孔子去齐国,有自己的考虑。因为在几年前,孔子和齐景公有过一面之缘,双方互有好感,这次去齐国,说不定有机会实现自己的理想。

孔子带着自己新收的几个徒弟,如子路等人,去了齐国。

第五章
到齐国打捞梦想

《史记·孔子世家》记载说,"为高昭子家臣,欲以通乎景公"。孔子到了齐国之后,首先在高昭子家做了家臣,希望以此为跳板,搭上齐景公的"船"。高昭子位高权重,深受齐景公宠爱,但名声不好。历史上很多奉孔子为圣人的学者,认为司马迁纯属胡扯,"圣人"怎么会委身于一个名声不好的人呢?但现实的情况却不容孔子玩清高。那个时候,孔子才刚刚三十多岁,虽然收了几个徒弟,教育事业风生水起,但在政治上,孔子还是个"菜鸟",没有高官引荐,猴年马月也见不到齐景公。所以,孔子冒着被别人指指点点的风险,为的是站在"巨人的肩膀上",迅速接近齐景公。高昭子虽然名声不好,但在孔子这件事上,还算仗义,他在齐景公面前推荐了孔子。齐景公也很欣赏孔子,没事就请孔子来"喝喝茶聊聊天"[1],谈些治国方略。有一天,齐景公问孔子,如何治理国家。孔子的回答很玄乎,八个字:"君君,臣臣,父父,子子"[2]。意思是:"做君主的要像君主的样子,做臣子的要像臣子的样子,做父亲的要像父亲的样子,做儿子的要像儿子的样子。"孔子说得很有针对性,简单的话语中包含着很多潜台词。

---

[1] 关于中国人饮茶的历史,有不同的说法。按照唐代陆羽的说法,中国人饮茶始于神农氏。后世又有起源于西周、秦汉等不同的观点。此处取现代意义上的喝茶聊天之意。

[2] 见《论语·颜渊》。

第一,孔子强调秩序的重要性。在社会上,我们每个人都像意大利动画中的"小火车托马斯",都有各自的轨道,只有按照固定的轨道行进,这世界才会安宁和谐。要是每个人都凭着自己的喜好乱窜,那么这个世界就会乱了套,后果就会很严重。齐景公想到,很有可能原来做国君,眨眼之间成了别人的阶下囚,小命也未必能保得住;本来是威风凛凛的"老爸",一下子变成了唯唯诺诺的"孙子",被不肖的儿子痛揍一顿也未可知。所以,人人都要遵守礼制,只有大家各安其命、各守其位,国家才能太平,国君之位才能做得安稳。这话说到了齐景公的心坎上,因为,齐景公的地位也不是高枕无忧。他也担心,一旦失去秩序,那就等于自己失去了权力和地位。

第二,孔子强调权利和义务的统一。君主就要承担君主的义务,你才有享受万民膜拜的权利;老爸就要承担接送孩子上学放学、批改作业等义务,然后你才有享受儿女绕膝的权利。齐景公显然没有领会孔子的第二层意思,他只想到了自己的权利。他高兴地说,孔先生你说得太好了,要不是这样,那岂不是一切都白瞎,我虽然有山珍海味,那也没有办法吃。齐景公也就是这点出息,他只想享受"吃货"的权利,而不想承担国君为人民服务的义务。

还有一次,齐景公又和孔子"喝茶聊天"了。齐景公再一次问起如何治理国家的事情。这一次,孔子更加简单,他说了四个字："政在节财"。告诫齐景公应该勤俭治国，不要铺张浪费。这一点，也是戳中了齐景公的痛点。因为齐景公正是一个喜欢享受、铺张浪费的人。

其实，这也不能全怪齐景公喜欢享乐，当时，整个齐国很"土豪"，全国上下都弥漫着大手大脚的风气。齐国大致在现在山东胶州半岛的位置，土地肥沃，靠近大海，拥有"鱼盐之利"。各国想吃食盐和海鲜，估计都得从齐国进口。齐国人有经商的传统，所以，齐国也是个做生意的好地方。绝色美女西施的"男朋友"范蠡，在帮助越王勾践灭掉吴国之后，急流勇退带着西施泛舟而去，到齐国做生意，大获成功，在中国古代福布斯排行榜上位列首富。

齐国也是当时最富裕的国家，所以，齐景公有条件和资格铺张浪费。据说，他曾经为七百个妃子一人分了一套房，还在这个巨大的社区内，建了好几个"大型超市"，以供女人们"上街扫货"。他喜欢养马，名下有四千多匹好马。古代的好马相当于现在的豪车。参照这个标准，齐景公名下豪车之多，恐怕十个阿拉伯王子也望尘莫及。

"花样美男"齐景公

齐景公很好玩，他是个复杂的多面体。在他身上，集中了一些截然相反的性格。他有时候能励精图治，干几件正事；

有时候又荒淫无道，干几件荒唐的事情。

齐景公长得很帅，是帝王中少有的美男子。按理说，长得帅的人巴不得别人多看自己两眼，以满足自己玉树临风、"半夜被自己帅醒"的虚荣心，但齐景公偏偏不高兴别人盯着自己看。

一次，一个基层小官拜见齐景公，一见齐景公，顿时惊为天人，眼睛直勾勾地盯着他看。齐景公大怒，你一个基层小官，还敢对我有非分之想！（估计他也是想歪了，那人就是再不正常，也不敢打国君的主意）立马就要人把那小官拉出去砍了。幸亏有宰相晏子劝阻，说法律没有规定多看你两眼就是死罪。再说，那小官也是真心崇拜你，谁让你是个"帅到没有朋友"的"花样美男"呢。齐景公听了很受用。算了吧，把他拉回来，让他给我搓搓背吧。由此可知，齐景公是个一时间乌云密布，一瞬间又晴空万里的性情中人。

有一年，齐国下了好几天的大雪。齐景公穿着名贵的皮袍子，坐在温暖的大殿里，欣赏雪景。他对宰相晏子说，奇怪啊，下了雪，外面还不冷。晏子说，外面真的不冷吗？我听说古代贤德的国君，自己吃饱能知道百姓的饥饿；自己穿暖能知道百姓的寒冷，自己安逸能知道百姓的劳苦，现在你不知道。说得通俗一点，就是批评齐景公不关心群众，饱汉子不知饿

第五章
到齐国打捞梦想

汉子饥。齐景公说,说得好!我听从您的教诲了。[1]

被晏子"摆了一道"

齐景公还算是个明白人。孔子给他提出的两条建议,他觉得都说到了点子上,于是决定拿出一块地方,封给孔子。也就是说,孔子离实现做官为民的理想还差一毫米的距离。

但是,晏子出来说话了。他指出以孔子为代表的儒家有四条"罪状"。他对齐景公说,孔子这帮儒者,只会说些中听的话,其实他们一点都不乖,不好管理。他们容易骄傲自满,自以为是,很难心甘情愿做别人的手下。他们办理丧事,不惜倾家荡产,对老百姓来说,这种风气可要不得。他们靠四处游说寄人篱下当食客过日子,创造不出财富,国家不能依靠这些游手好闲的人。自从周朝衰落以来,也就没什么贤人君子了,过去那些礼节也就没人能懂了。孔子提倡的那一套礼节,见人说话要有规矩,走路吃饭穿衣要有规矩,实在是太复杂了,多少年也学不完,一辈子也搞不清。这些东西

---

[1] 见《晏子春秋》。景公之时,雨雪三日而不霁。公披狐白之裘,坐于堂侧陛。晏子入见,立有间,公曰:"怪哉!雨雪三日而天不寒。"晏子对曰:"天不寒乎?"公笑。晏子曰:"婴闻古之贤君,饱而知人之饥,温而知人之寒,逸而知人之劳,今君不知也。"本文采取意译。

要在齐国实行起来,估计也解决不了什么问题。[1]齐景公一听,原来孔子这帮人还有这么多的毛病。他是个很随意洒脱的人,一想到要遵守那么多规矩,自己以后的行动可能很不自由,于是就打消了重用孔子的念头。以后再和孔子见面的时候,再也不问关于治理国家的事情了,估计也就是"我今天帅不帅""今天天气还不错"等不痛不痒的话题了。

晏子狠狠摆了孔子一道,让孔子很受伤。其实晏子倒真的不是坏人。

据说晏子身材很矮,其貌不扬。和齐景公站在一起,简直就是都教授遇上了武大郎。和身材高大的孔子相比,简直就是NBA中"小土豆"韦伯PK"大鲨鱼"奥尼尔,但人不可

---

[1] 见《史记·孔子世家》。晏婴进曰:"夫儒者滑稽而不可轨法;倨傲自顺,不可以为下;崇丧遂哀,破产厚葬,不可以为俗;游说乞贷,不可以为国。自大贤之息,周室既衰,礼乐缺有间。今孔子盛容饰,繁登降之礼,趋详之节,累世不能殚其学,当年不能究其礼。君欲用之以移齐俗,非所以先细民也。"

译文:晏婴劝阻说:"儒者这种人,能说会道,是不能用法来约束他们的;他们高傲任性自以为是,不能任为下臣使用;他们重视丧事,竭尽哀情,为了葬礼隆重而不惜倾家荡产,不能让这种做法形成风气;他们四处游说乞求官禄,不能用他们来治理国家。自从那些圣贤相继下世以后,周王室也随之衰微下去,礼崩乐坏已有好长时间了。现在孔子讲究仪容服饰,规定繁琐的上朝下朝礼节,刻意于快步行走的规矩,这些繁文缛节,就是几代人也学习不完,毕生也搞不清楚。您如果想用这套东西来改变齐国的风俗,恐怕这不是引导老百姓的好办法。"本文翻译取其大意。

貌相。晏子，真正的名字叫晏婴，山东高密人，和诺贝尔文学奖得主莫言先生是老乡。当时任齐国的宰相，是春秋后期一位重要的政治家、思想家、外交家。他以生活节俭、能言善辩著称，在历史上享有清名。

两大"毒舌"的交锋

晏子出使到楚国，楚王知道晏子的身材矮小，就让人在城门旁边开了个小洞，叫"狗洞"，请晏子从"狗洞"进去。晏子说到了"狗国"，才走"狗洞"，我现在是出使楚国，不应该走"狗洞"。楚国是个大国，自然不想成为"狗国"，只好请晏子从大门进去。

晏子进去拜见楚王。楚王是个典型的"毒舌"，其"毒"不在小品中"蔡明阿姨"之下。他故意问，"齐国没有人可派吗？竟派你来"。晏子回答说："我们齐国派使节出访很有讲究，对那些精明能干的人，就派遣他们出使那些道德高尚的国家；对那些愚蠢无能的使臣，就派他们出使那些不成器的国家。我是使臣中最愚蠢、最无能的人，所以就派我出使楚国来了。"晏子用"自黑"的方式，狠狠地"黑"了楚国和楚王一把。可见，晏子说话的艺术非常高妙。

自从晏子在齐景公面前，说了以孔子为代表的儒者的四种毛病之后，齐景公对孔子的态度开始冷淡下来，"喝茶聊

天"的频率大大降低,甚至到最后暗示孔子:"我老了,不能再用你了。"这就是下了逐客令了。

　　孔子只好离开齐国,回鲁国。据说,他这一次离开齐国,走得非常紧急,本来都已经淘好米准备下锅煮饭了,突然之间决定要走,把米从水里面捞起来,稍微晾干一点,带上就走。也许是孔子得到了内线情报,有人要害他们,所以,孔子带着自己的弟子们,一路狂奔回到了鲁国。[1]

---

[1] 目前没有证据证明,齐国人要对孔子下毒手,此处有想象的成分。

第六章

春秋时期第一"牛"校

大概在三十五岁的时候,孔子带着几个弟子去齐国找工作,在那里待了两年左右的时间,与齐景公有过几次愉快的谈话,还差一点做了大官。无奈造化弄人,身材高大的孔子被身材矮小的晏子"摆了一道",齐景公就此打消了重用孔子的念头。

虽说是"外来的和尚会念经",但毕竟"强龙不压地头蛇"。孔子作为"外国移民",受到齐景公的赏识,自然会引起齐国有些大臣们的"羡慕嫉妒恨",估计孔子没少受到过人身威胁。"壮志未酬"绝不能"身先死",还有壮怀激烈的理想需要孔子去上下求索,所以,孔子"三十六计,走为上计",带着学生们逃回了鲁国。

人生的道路万千条,只要有梦想在,"条条道路通罗马"。孔子从齐国返回鲁国之后,大概有十七年的时间,没有出来做官,他在埋头做一件大事,就是兴办教育。这个创举让他成为中华民族历史上最伟大的文化传播者,成为中华民族历

史上最早、最牛的"私人大学"的校长,成为"万世师表",成为"至圣先师",成为中华儿女的心灵导师。

"君子儒"和"小人儒"

在齐国,孔子虽然没有实现做官为民的理想,但他收获了自信。齐景公赏识孔子的才华,没事邀请他"喝茶聊天"讨论国家大事,甚至一度想给他一块土地,让他安身立命。虽然宰相晏子从中作梗没有成功,起码说明孔子是个文能安邦、武能定国的人才。

晏子曾经指出,以孔子为代表的儒者有四种毛病。这是当时儒者的通病,并不是针对孔子个人。也就是说,不是孔子害了儒者,而是儒者害了孔子。孔子年轻时候确实干过儒者主持丧礼的活,但那只是他的谋生手段而已,志当存高远的孔子,早已经不是传统意义上的儒者了。

那么儒者到底是一个什么样的群体呢,为什么惹得人品不错的晏宰相,对他们有那么大的意见呢?

中国人历来重视丧葬礼仪,这些礼仪纷繁复杂、规矩很多,普通人不容易掌握。按照现代经济学"有需求就有市场"的原理,当时丧葬礼仪的需求十分突出,就催生了特殊的社会阶层——"儒",他们以专门替人操办冠、丧、嫁、娶等礼仪为生。从事这种职业的人社会地位低下,没有固定的财产和收入，做事时还要看人脸色，所以形成了比较柔弱的性格，这就是儒的本意，即"柔"。所以《说文解字》这样解释："儒，柔也，术士之称"。

为了保证自己有丰富的客户资源，儒者提倡厚葬的观念，教人哪怕是倾家荡产也要搞一场体面的葬礼。就像证券商劝人赶紧趁着牛市炒股，地产商让人涨价前赶紧买房一样，他们的一言一行渗透着利益。和孔子一个时代的墨子先生，极度厌恶儒者的这种行为，作为儒家学派最激烈的反对者，他语带讽刺地说，"富人有丧，乃大悦，曰：此衣食之端也"，意思是，"太好了，那边富人家死人了，我们又有吃有喝了"。所以，当时儒者给社会的印象很糟糕，他们是发死人财、骗吃骗喝的一群格调不高的小人。

孔子早已不是传统意义上的儒者了。他不是那种看见别人家死人就喜形于色的人。给别人办丧事的时候，看到别人哭，他也跟着流泪，一天都吃不下饭。孔子特别喜欢唱歌，但他一听到别人哭就跟着哭，只要这一天他哭过，他就不再唱歌。从这个意义上来说，孔子是个富有同情心、多愁善感的"暖男"。

孔子也认识到，这些骗吃骗喝的儒者，就像"一粒老鼠屎，坏了一锅粥"。孔子曾经教育弟子子夏，要做君子一样的儒者，别去做小人一样的儒者。由此说明，孔子不仅自己已经与传统意义上的儒者割裂开来，而且要求自己的弟子们，不要做骗吃骗喝的江湖骗子了。

那么,"君子儒"和"小人儒"到底有什么区别呢?"君子儒"是指那些心底光明、道德修养极高的人,他们关心的不仅仅是自己的生活,更关心普天下人们的命运。用北宋名臣范仲淹的名言,就是"先天下之忧而忧,后天下之乐而乐"的君子。而"小人儒"的目标就是活着,没有道德理想,只关心生活的"柴米油盐酱醋茶"。用著名歌剧《白毛女》里面的黄世仁的话,就是"我家自有粮满仓,哪管那穷人饿肚肠"。

创办"青年政治学院"

从齐国回到鲁国之后,孔子没有去做官。因为此时鲁国的权力被季孙氏的家臣阳货把持,正是孔子深恶痛绝的"陪臣执国政"的状态。所以孔子选择了"天下无道则隐"。但孔子和真正的隐者不同,他不会躲到山明水秀的地方,种地赏花吟啸山林,更不会"调素琴阅金经"自得其乐,他还有远大的理想需要实现。不做官不要紧,他走了一条"得天下英才而教之""曲线救国"的道路——创办私学,培养治国理政的人才,从而实现自己的政治追求。

作为国际知名的青年学者、齐景公一度的座上宾,有人认为孔子整天窝在家里做"宅男",实在是浪费人才资源,可惜了孔子的一身本事。有人专门去问孔子,你怎么不去"考个公务员",出去做官呢?孔子回答说,"书云:孝乎惟孝,友于兄弟,施于有政,是亦为政,奚其为为政!"[1] 意思是,"《尚书》上说,孝呀,先是孝顺父母,友爱兄弟,然后再把这种风气影响到政治上去,这也就是从事政治呀,为什么一定要做官才算从事政治呢?"

这段话说明孔子非常重视孝道,他认为孝道是从事政治的必要条件。孔子希望通过这种道德精神的培养,进而影响社会,从而达到自己从政的目的。

孝道是中国最重要的价值观。恰如南怀瑾先生所说:"一个人能够孝于父母,才有可能爱国家;对父母都不孝,让他忠于别人很难。所以中国文化有一句话,'求忠臣必于孝子之门',一个大忠臣必定是个大孝子,一个大孝子做官的话,也一定会忠于国家忠于民族,是个大忠臣"[2]。

孔子决定要通过教育来影响政治,他决心创办一所学校,专门培养政治人才,这所学校,我们可以称之为"孔子青年政治学院"。

其实,孔子早在三十岁左右的时候,就已经开始招生了。在晚年的总结中,孔子说"三十而立",意思是,"到了三十岁的时候,有了自己的事业,在社会上可以立得正行得稳了",说的恐怕就是自己的教育事业。

正是这个事业,让孔子创办了中国历史上最早的私人学

---

[1] 见《论语·为政》。
[2] 见《论语别裁》。

校,并培养出一大批政治和教育人才,孔子可谓是桃李满天下最成功的老师。

来者不拒的"开放大学"

现在家长们很辛苦,为孩子上学的事情操碎了心。为了选一所心仪的学校,家长们可谓是无所不用其极。有托人找关系的,有花钱买学区房的,甚至还有找黄牛被骗得血本无归的。其实孩子们的"幸福指数"也不高,要参加各种奥数班、作文班、才艺班。明明数学不好的,非让他上奥数班;明明五音不全、腰肢粗大的,非让他学习音乐舞蹈;明明是个色盲色弱,非让他去画画,这种"全拧"的生活,显然是一种折磨。总之,为了接受更好的教育,家长们也是蛮累的,学生们也是"蛮拼的"。

但上孔子的学校,难度要小很多,也快乐很多。

大约在三十岁的时候,孔子在家乡的阙里开办了一所学校,这是具有划时代意义的创举。[1] 在春秋时期之前,"学

---

[1] 关于孔子何时开始兴办学校,史学界有多种说法。按照司马迁的《史记》的说法,应是在十七岁,但这实在不是很现实。按照胡仔的《孔子编年》的说法,是二十二岁。而司马贞的《史记索隐》认为是在三十五岁。著名学者匡亚明先生的《孔子评传》认为,按照孔子"三十而立"的说法,孔子是在三十岁左右开始招收弟子兴办私学。本书采匡亚明先生的观点。

在官府",教育资源全部被贵族们垄断了,平民子弟没有资格进入官办学校学习,享受不到高质量的教育,要想变得有学问,估计也只能自学成才了。而孔子创办学校的目的,就是让那些没有机会上学的平民子弟,也能得到良好的教育。所以,孔子的学校从一开始就走了一条完全不同的道路。

这是一所"开放式大学"。学生们入学,不需要户口,更不要花大钱买学区房,甚至托关系走后门。孔子的教育目标是培养君子,"只要带着一颗心来",就会让你满腹经纶地毕业。哪怕你曾是个"小混混",在孔子的学校学习,毕业后也会变成个文质彬彬的君子。

孔子坚持"有教无类"的办学思想。意思是不管你是什么样的人,在教育面前人人平等。无论是"官二代"还是"穷二代",智商高的还是智商低的,全部无条件接收;管你是"好小孩"还是"坏小孩",鲁国的还是外国的,一律来者不拒。所以孔子的学生鱼龙混杂,各种身份都有。在他的弟子中,有原本一身"杀马特"装扮的"小混混"子路;有曾经啸聚山林的江洋大盗颜涿聚;有坐过牢的公冶长;有富得流油财大气粗的子贡;还有"穷得只剩下灵魂",每天喝凉水就干粮的颜回、原宪等。除了鲁国的学生,来自其他国家的留学生也慕名前来求学。当然,孔子的学校也不全是贫贱之人,他还有几个贵族学生,如宋国的贵族司马牛,鲁国执政官的两个儿子——南宫敬叔和孟懿子等有权有势的公子哥。

后来有个叫南郭惠子的人,曾经抱着讥笑的态度问子贡,你的师兄弟们,形形色色的人都有,你老师收学生怎么那么杂?子贡在孔子弟子中,不仅是最有钱的人,也是最能言善辩的人。他说,君子端正态度等着学生们来,想来学习的人,不拒绝;不想学习的,也不制止。就像是名医门前总是有很多病人,专门矫正木材的工具前总是有很多弯曲的木材一样。所以,我老师门下的弟子成分很复杂。[1]

总之,孔子青年政治学院是春秋时期私人学校中,学生最多、教育质量最高的学校。用今天的标准,这是一所声名远播、教学质量超一流的"国际名校"。

春秋时期第一名校

孔子"有教无类"的教育思想,让他的学校招生形势一片大好。在整个教育生涯中,孔子的学校光毕业生就有三千多人,其中有七十多名优秀毕业生,号称"七十二贤人"。他们是中国文化史上最为闪耀的明星群,是中华民族思想文化发展的重要推动力。他们在从孔子学校毕业后,有的进入各国政府担任要职,更多的人拿起教鞭,设坛讲学,将孔子

---

[1] 见《荀子·法行》。南郭惠子问于子贡曰:"夫子之门,何其杂也?"子贡曰:"君子正身以俟,欲来者不距,欲去者不止,且夫良医之门多病人,隐栝(guā)之侧多枉木,是以杂也。"

的思想进一步发扬光大。

孔子不是第一个兴办私学的人，但他是春秋时期最成功的"私人大学"校长，他的学校应该是当时世界第一名校。与孔子同时的古希腊著名哲学家苏格拉底，没有自己的学校，他的教育方式就是跑到大街上去演讲或和别人辩论，用现场上课的方式"打广告"，愿意听的就来听，不愿意听的就走人，其办学水平和规模显然要逊色得多。

与孔子同时，也有几所比较知名的私人学校。郑国人邓析创办了一所"律师速成班"，专门教人打官司，结果没有培养几个合格的律师，倒是培养了一批颠倒黑白的"讼棍"；鲁国知名学者少正卯（mǎo），也创办了一所学校，而且办学水平很高。由于孔子的学校是没有围墙的大学，完全是开放式的，用子贡的话说就是"来者不拒，去者不止"。学生们来去自由，经常有学生被少正卯的学校所吸引，跑到少正卯那里去听课，导致孔子的学校曾经"三盈三虚"，意思是有三次学生们都跑光了。据说孔子的学生中，只有颜回没有跑掉，陪着孔校长两个人暗自神伤。最终，孔子凭借过硬的教学质量和个人魅力，学生们又都跑了回来。这个事情说明两个道理。一是学校之间充分的竞争显然可以有效提高教育质量。二是只有不会讲课的老师，没有不想听讲的学生。只要你把课讲得生动精彩，就不会有上课打呼噜、逃学打游戏的现象出现。

孔子创办私人学校,在当时是个伟大的创举。它的重要意义是打破了贵族对知识的垄断,给普通老百姓铺就了一条通向上层社会的通道。通过系统的学习,他的很多学生都走向了仕途,成为优秀的"公务员"。

樊迟为什么挨骂

孔子"有教无类"的办学思想,也是一种巨大的进步。孔子始终坚信"性相近,习相远"[1],每个人生下来本质是一样的,是教育的差异造成了后天发展的鸿沟,这是一种朴素的平等、民主的思想。后来在他的再传弟子中,出现了孟子和荀子两个伟大的思想家,他们对孔子的这种思想进行了不同的阐发。

孟子认为人性本善。他认为,人和动物的区别,就是人具有"恻隐之心、羞恶之心、辞让之心、是非之心"[2]这四心,用现代的语言就是,"人一生下来就天然地拥有同情心、羞耻心、谦让心和明辨是非的能力"。既然人有良知,也有向善之心,所以人就应该利用良知和向善之心,进一步加强道德修养,培养自己的善。

而荀子与此截然相反。他认为,人的本性是恶的。既然

---

[1] 见《论语·阳货》。子曰:"性相近也,习相远也。"
[2] 见《孟子·公孙丑上》。

人的内心深处藏着"魔鬼",就更应该用法治、礼仪制度来规范,加强后天的教育,以使人能压抑心中的魔鬼,从而走上向善之路。从这个意义上来说,他们的思想殊途同归,都是孔子"仁"的思想的具体体现。从对人性善恶不同的立论出发,孟子认为,我们都要努力加强道德修养,以找回已经失落的"善端";而荀子则认为,加强道德修养,就是要努力地除掉恶性,建立善性。虽然说法不同,但手段都是后天的教育,这也是孔子兴办学校的主要目的。

孔子的学校的起点很高,既不是"大蓝翔",也不是"新东方",他培养的是政治人才。孔子的学生樊迟,非要缠着孔子教他怎么种粮食,孔子说种粮食我比不上老农民;樊迟又要学种菜,孔子说种菜我不如老菜农。樊迟走后,孔子在私下里骂樊迟为小人。说樊迟为小人,倒不是说樊迟的思想品德有问题,而是批评他的理想不够远大。

这怪不得孔子生气,孔子的学校专门培训政治人才,而不是农业人才。这就相当于你去向中国行政学院的校长请教高效农业和杂交水稻的问题,他肯定给你指条路,不远处就是中国农业大学,或者他可以给你介绍袁隆平院士,袁教授最懂这个。所以,就像他的名字一样,樊迟确实有点迟钝,他是问错了对象,难怪孔子大失风度,背后骂人。

到孔子学校上学要带多少钱

孔子不是富翁,更不是达官显贵,他开设私人学校,一方面是为了实现政治理想,另一方面是想赚点学费补贴家用。因为,孔子既不炒股,也没有闲钱投资实业,他只是替人做丧礼的主持人,收入不会太高,在季氏手下也只是做工资微薄的基层工作人员。不要以为孔子在办"希望工程",他的学校一定是收费的。

关于孔子如何收费的问题,有人这样解释:"三十而立",只交三十两银子的人只能站着听课。"四十不惑",交了四十两银子的人可以发问,直到你没有疑问为止。"五十知天命",交了五十两银子,那你就可以知道明天考试的命题了。"六十耳顺",能出得起六十两的人,老师可以讲些你喜欢的话给你听,让你耳顺。"七十从心所欲",只要你交了七十两银子,你上课想躺着坐着或来与不来,都随你高兴。

这当然是笑话。

孔子说,他"十有五而志于学,三十而立,四十而不惑,五十而知天命,六十而耳顺,七十而从心所欲,不逾矩"[1]。他的本意是说,从十五岁开始立志于学习大道,到了三十岁,就已经打下立足社会的坚实基础。四十岁对自己的理想和原

---

[1] 见《论语·为政》。

则不再疑惑。五十岁更加坚定了自己的使命。到了六十岁变得耳顺，不是指自己变成了顺风耳，什么都听得见，而是指自己已经能明白是非，好的坏的自己都能辨别。到了七十岁，在为人处事的方方面面都成熟，做事基本不会犯错，而不是说随心所欲，想做什么就做什么。

说了半天，要到孔子的学校去上学，到底要带多少学费呢？这是一个很复杂的问题。

《论语·述而》上说，子曰："自行束脩（xiū）以上，吾未尝无诲焉"。孔子说，"只要带着十条干肉来到我学校的人，我都会教他"。一般认为，孔子不收现金（那时候还没有，直到宋代才出现了纸币），而是收腊肉。但古今以来的学者有不同的说法。有学者认为，"束脩"是指男子十五岁。这样解释，孔子瞬间就高大了许多，原来他和古希腊的苏格拉底一样，搞的是公益事业。

现在让我们分析一下。首先，"束脩"指十五岁，有一定的道理。从孔子十五岁立志于学来看，十五岁应该是从小学毕业向着更高水平学业进发的开始阶段。从孔子学生的年龄来看，最大的像颜回的父亲，只比孔子小六岁，子路只比孔子小九岁，而孔子晚年所收的最小的学生公孙龙，也只比孔子小五十三岁。由此说明，孔子的学校只招收具有初高中毕业水平的学生，学龄前儿童和小学生要想上学，过几年再说。

其次，古人崇尚礼节。古人去拜访客人，总要带点礼物

作为见面礼,更何况是拜师学艺了。孔子去拜见老子时,带了一只大雁作为见面礼。他带着学生们在各国找工作时,车子里装了些野鸡,是送给国君和官员的礼物。而后来阳货来找孔子,送了贵重的烤乳猪作为见面礼,而孔子投桃报李,也送了一只烤乳猪作为回敬。由此可知,学生们在拜孔子为师时,应该带着礼品来。

我们可以想象,孔子收的礼物应该是五花八门的。有钱人家的孩子礼品贵重些,甚至可能上交一大笔可观的"赞助费",比如子贡等几个有钱有势的孩子;没钱的孩子也可能是半袋米或一篮鸡蛋。也就是说,孔子可能收到过腊肉,但孔子不会在招生简章上说明,学费是十条腊肉,否则不予录取。

第三,孔子是个相当"小资"的人,对饮食养生相当讲究。据说,他从来不去外面买酒和肉,过期的肉绝对不吃。吃猪排的时候,必须要分割的方方正正,[1] 要是你把肉割得"犬牙差互",估计孔子会扔出去。孔子一生弟子三千多人,按照四十年教育生涯算,一年也要招收近一百人,要是每个学生都送十条腊肉的话,一千条腊肉的规模,那孔子家简直成了大型"冷链物流"企业了。

所以,比较合理的解释是,孔子为谋生贴补家用,学生们带来的见面礼,他是欣然接受的。因为按照礼制,学生们

---

[1] 见《论语·乡党》。

是应该自备见面礼的，要是你两手空空来见孔子，那你就是无礼之人，孔子肯定很生气。孔子不是嫌贫爱富之人，他最在乎的是礼。见面礼不在乎多少，只要能有这个礼节，孔子马上就宣布：祝贺你，你已经被"孔子青年政治学院"录取了！

孔子的"班委会"

上孔子老师的课是一件心旷神怡的事情。据说，孔子是在他家门前一棵大杏树下面，开始讲学的。这是中国平民教育史的开端，所以后人就把"杏坛"比喻成教育界。

庄子曾经描述过孔子上课时的情景，"孔子游于缁（zī）帷之林，休坐乎杏坛之上。弟子读书，孔子弦歌鼓琴"[1]。这个情景会让今天的学生们"羡慕嫉妒恨"。不坐在拥挤的教室内，而是在树林里，眼中是生机蓬勃的大自然，耳中是孔子的谆谆教诲和风声鸟鸣，学生们三三两两，或读书，或讨论，或坐，或卧。班主任孔子老师，端坐在杏坛之上，春风和煦，杏花飘香，书声琅琅，琴声悠扬。孔子一边鼓琴一边唱歌，氛围轻松而融洽，这是多么美妙的素质教育的课堂啊！

让我们来看看孔子班级的班委会设置吧。

班主任当然是孔子了。以孔子的教育成就，按照今天的

---

[1] 见《庄子·渔父》。

标准,他首先是全国知名的特级教师,春秋时期语文、政治、历史、哲学、音乐、体育等若干学科的"学术带头人",行政职务是"青年政治学院"的院长。鉴于他的伟大成就,周天子还应该颁给他"全国劳动模范"的称号和"五一劳动奖章"。

伟人往往生前寂寞死后荣光。孔子活着的时候,这些名誉他一个也没有轮上。在去世之后,鲁国国君也只是装模作样地悲伤了一下子。只有学生们饱含思念与尊敬,在他墓前守孝三年。其中一个叫子贡的弟子,放弃高官的位子和赚钱的生意,在孔子的墓前守了六年。也就是说,孔子的大名是在他去世之后才得到的。后来,孔子的地位越来越高,最后成了"至圣先师",成了中华民族所有人的老师,这是所有老师中所能得到的最高荣誉。

颜回是个好班长

"火车跑得快,全靠车头带"。一个班级除了要有优秀的班主任外,还要有个好班长。在我们眼中,班长首先应该是个"学霸",在成绩上能够伏众。其次班长还应该是个认真负责的人,热心班级事务,能够以身作则,协助班主任管理好班级。

在孔子眼中,最适合做班长兼学习委员的,绝对是颜回。因为颜回是孔子最喜欢的学生。在《论语》中,孔子表扬最多的人就是颜回,唯一一次批评,用的还是"欲扬先抑"的手法。"回也非助我者也,于吾言无所不说"[1]。孔子先是假装批评,"颜回真的不是一个对我有帮助的人",然后是真刀真枪地表扬,"他对我的话没有不心悦诚服的"。孔子宠爱颜回的种种表现,惹得子路、子贡等一帮各方面表现也很优秀的师兄弟们眼红不已。

颜回和父亲是同班同学。他的父亲颜路,先拜在孔子门下,后来觉得教学质量不错,就让儿子颜回也来做孔子的学生。所以,颜回和颜路之间的关系有点"乱",在家里颜路是家长,在学校颜回是班长;在学校,颜回可以"勾肩搭背";回到家,颜回得行礼下跪。

颜回家境极为贫寒,住在一个棚户区的巷子里,叫"陋巷"。他用一个竹筒吃饭,用一个瓢瓜喝水,别人都忍受不了这种艰苦,但颜回不在乎,自得其乐。[2]孔子也是个苦孩子出身,也不怕贫穷,他曾经说,"饭疏食饮水,曲肱而枕之,乐亦在其中矣。不义而富且贵,于我如浮云"[3]。意思是,"吃粗粮,喝冷水,弯着胳膊当枕头,乐趣也就在其中了。用不正当的手段得来的富贵,对于我来讲就像是天上的浮云

---

[1] 见《论语·先进》。
[2] 见《论语·雍也》。子曰:"贤哉回也,一箪食,一瓢饮,在陋巷,人不堪其忧,回也不改其乐。贤哉回也。"
[3] 见《论语·述而》。

一样"。孔子和颜回这种身处艰苦的环境而自得其乐的精神,被后人称颂为"孔颜乐处"。

孔子看到颜回这么穷,还刻苦读书,自然就很喜欢他。而颜回也是个做班长的料,他学问渊博,道德品质特别高尚。在孔子编制的"十大优秀学生"排行榜上,颜回名列"德行科"第一名。后来人更是把他列为"七十二贤之首"。孔子还曾经夸奖他勤奋好学,从不迁怒于别人,更不会犯同样的错误。[1]可惜颜回班长贫穷不堪,家庭负担特别重,又得替孔子管理班级,工作和生活的压力特别大。据说不到三十岁头发胡子就全白了,搞得像"南极仙翁"一样。但他显然不是神仙,在生活的重压之下,四十一岁就去世了。孔子为此伤心大哭,有人劝慰孔子节哀顺变,别哭坏了身体。孔子说,我哭得太悲伤了吗,我不为这样的人悲伤,还能为谁悲伤呢。可见,颜回不仅是好班长,还是孔子的好学生,更像个比亲儿子还亲的"干儿子"。因为在《论语》中,孔子从来没有表扬过儿子孔鲤,反倒是两次检查儿子的作业,孔鲤还挨过两次批评。

---

[1] 见《论语·雍也》。哀公问:"弟子孰为好学?"孔子对曰:"有颜回者好学,不迁怒,不贰过。不幸短命死矣,今也则亡,未闻好学者也。"

译文:鲁哀公问:"你的弟子哪一个最喜欢学习?"孔子回答:"我有个叫颜回的学生爱好学习,他从来都不把自己的怒气转移到别人的身上,不重复犯同样的过错。但他不幸早死,颜回死了,再也没有这么优秀的学生来继承、传播我的理想了。"

第六章
春秋时期第一"牛"校

副班长兼纪律委员子路

有班长就得有副班长,有学习委员就得有纪律委员。班长和学习委员被颜回做了,比颜回年龄大、入学早的子路有些不服气,但是没办法,谁让颜回是孔子最得意的弟子呢。

子路能够到孔子的"青年政治学院"来上学,还要好好地感谢孔子。如果没有孔子的教导,子路就是一个好勇斗狠的"街头混混",哪天在黑帮的火拼中丢了性命也未可知。

子路比孔子小九岁,比颜回大二十一岁。他勇猛耿直,性情粗犷。在孔子的学生中,子路是批评孔子最多的人,作为回报,他也是被孔子批评最多的人。孔子和子路的关系,介于兄弟和师徒之间。虽然在很多事情上,子路经常批评孔子,但孔子还是很喜欢他,对子路的评价很高,说他有治国安邦的才能。

孔子曾经高度评价子路,"自吾得由,恶言不闻于耳"[1]。意思是,"自从子路做了我的学生,我就没有听到什么坏话"。这大概有两层意思。一是子路凶猛异常武功高强,谁要是敢说孔子坏话,子路会第一个冲上去,揍他个满面桃花开满地找牙齿。另一层的意思是,孔子有子路的约束,也不会做出

---

[1] 见《史记·仲尼弟子列传》。

什么出格的事情,这样别人就不会说孔子的坏话了,也就听不到恶言恶语和风言风语了。所以,让这样一个同学做副班长,监管班级的纪律,是再适合不过的了。

生活委员子贡

我们现在读书,上学家长送到学校,放学家长再接回家中,好菜好饭供着,幸福指数相当高。但在孔子"青年政治学院",学生们得自己干活谋生,过艰苦的集体生活。孔子的学生大部分是穷人,又来自五湖四海,生活习惯不一样,要搞好班级的日常管理,必须有一个能力很强的学生,来做生活委员。

一般来讲,女生是生活委员的合适人选。但遗憾的是,孔子的三千多弟子中,连一个女学生都没有。这一点,孔子应该自我检讨,当然,其实这也不能全怪孔子。古人崇信"女子无才便是德",认为女孩子不用去上学,只要学会洗衣做饭针线活,以后找个好婆家,这一辈子就完事大吉了。这种思想严重剥夺了女同胞的受教育权,应该狠狠地批判。所以,要说是错误的话,孔子的错误也是时代的错误。

既然找不到女学生做生活委员,那最合适的只有子贡了。子贡是卫国来的留学生,他有两大优势让他胜任生活委员一职。第一个优势是能言善辩,是个做职业外交官的料。后来,子贡果然成了一名优秀的外交官。

当时鲁国周边的安全环境相当糟糕，周边都是心怀鬼胎的大国，鲁国就像一块"三明治"，被夹在里面，日子很难捱。跟晋国好，那么齐国就来揍；跟齐国好，楚国不高兴。用现在的话说，就是鲁国"整个人都不好了"。子贡虽不是鲁国人，但老师是鲁国人，老师的国家有困难，作为学生肯定义不容辞。子贡奉孔子之命，在周边的几个大国走了一趟，严重挑拨了各大国之间的关系，结果几个国家打了起来，留下鲁国在一边"偷笑"，过自己的安稳日子。

第二个优势就是子贡最有钱。在现代社会，让有钱人当领导，一个显而易见的好处，就是贪污受贿拿回扣的可能性不大——除非是贪得无厌的人。同理，让子贡掌管班费，绝不会有贪污、挪用的情况出现，倒是有一种情况最有可能发生——子贡经常拿自己的钱补贴班级。

在孔子的一帮穷学生中间，子贡显然是个另类，他是个做生意的高手。孔子曾经表扬他说，"赐不受命，而货殖焉，亿则屡中"[1]。意思是说，子贡不相信自己是个穷命，他决定做生意，结果他居然是个天才，看项目眼光很"贼"，做什么都赚钱。如今股市风云变幻，是"熊"是"牛"谁也看不清楚，"散户"们没几个人能赚得了钱，但要是让子贡先

---

[1] 见《论语·先进》。

生出来炒股,定会赚得盆满钵满。

文艺委员冉求

孔子是个文艺气息浓厚的人,他跟着师襄子学习了古琴演奏技艺,也成了大师级的演奏家。他是个"麦霸",无论是快乐还是悲伤,总要唱一曲以表情达意。孔子的上课方式很特别,他不会长篇大论的讲课,而是一边弹琴,一边等着学生们上来问问题。我们可以想象,孔子的课堂气氛轻松而愉悦。由此可知,孔子应该非常重视班级的文艺与体育活动。作为班主任,孔子不可能事必躬亲,很有必要选一个多才多艺的学生,担任班级的文艺委员。这个人选,非冉求莫属。

冉求,字子有,也称冉有,后世他的弟子也尊称他为"冉子",他是孔子弟子中最多才多艺的人。孔子对冉求的感情最为复杂,可以说是又爱又恨。冉求人很聪明,但在学习上特别是在道德修养上,不是那么勤奋用功。在《论语》中,颜回、子路、子贡,甚至有点笨笨的樊迟和话很多的司马牛,都缠着孔子问这问那,但是冉求极少主动提问,甚至还有厌学情绪。有一次,他对孔子说,不是您的教育质量不高,而是您的思想太高大上了,我想学习却心有余而力不足。孔子听了很生气,批评他说,不是你跟不上,而是你根本就不想学习。你给自己画了一个圈,把自己圈在里面不想出来。[1]

冉求能力很强,是个文武全才。他在鲁国执政者季氏手下做"秘书",帮着领导搜刮了不少民脂民膏。孔子曾经很恼火,要与他断绝师徒关系,甚至要求手下弟子大张旗鼓地去讨伐他。

骂归骂,孔子还是很喜欢这个多才多艺的学生。不仅在各种场合公开推荐冉求,还把他评为"十大优秀学生",名列政事科第一名。而冉求也是忠心耿耿,"老师虐我千百遍,我待老师如初恋",一贯对班主任孔子保持尊敬。在身居鲁国高位时,通过自己的努力,让鲁国国君以最高礼仪,把在国外漂泊十四年的孔子迎接回国,做了"国家顾问委员会主任"。虽然对鲁国的国政,孔子既顾不上,也问不着,但衣食无忧,为孔子晚年专心教育和学术研究做出了巨大贡献。假如在全年级搞一次综合测评的话,冉求的成绩应该是第一名,应该可以做个学习委员,但几个师兄实在是太优秀,自己也只能担任文艺委员的职务了。

卫生委员樊迟

让樊迟做卫生委员,可能有点浪费人才。

---

[1] 见《论语·雍也》。冉求曰:"非不说子之道,力不足也。"子曰:"力不足者,中道而废。今女画。"

樊迟，名须，字子迟。估计这孩子刚生下来就有点呆头呆脑，所以父母给他起了这样具有自嘲意味的名字。

事实上，樊迟确实不够聪明，反应也不够快。但他勤奋好学，又是孔子的"专职司机"，平时和孔子接触的机会很多，就经常问孔子什么是"仁"，什么是"孝"之类的问题。孔子有时候被问得很烦，也就言不过脑大而化之地回答了。樊迟反应迟钝，往往一时之间无法理解，先是假装懂了，其实心里是一团糨糊。但他不灰心，往往是下课之后主动请教其他同学。樊迟同学虽然"笨"了一点，但他对知识"打破砂锅问到底"孜孜以求的精神值得我们学习。

在孔子看来，樊迟的境界不高。他不大想去做官，只想做个土里刨食的农民，看起来理想不够远大。但事实证明，樊迟不仅喜欢种地，他还是个勇猛异常足智多谋的军事将领。他曾经和同学冉求一起，率领军队打败了入侵的齐国军队。樊迟的优点是认真负责、任劳任怨，让这样的人做卫生委员，专门负责班级的各项卫生大扫除活动，是再合适不过的了。

心理委员子夏

最后一个职位必须是心理委员。现代人学习工作的压力特别大，一不小心就成了"抑郁症"，弄不好还会成为"精神病"，所以心理健康很重要。

第六章
春秋时期第一"牛"校

孔子的学生,来自五湖四海、各行各业,他们有的贫穷有的富贵;有的聪明有的愚笨。学习压力又大,难免会出点心理问题。再加上孔子的教学方式有点特别,叫"不愤不启,不悱(fěi)不发,举一隅(yú)不以三隅反,则不复也"[1]。意思是,"不到学生努力想弄明白而不得的程度,不去开导;不到学生心里明白却不能完善表达出来的程度,不去启发。如果学生们不能举一反三,就不再讲了"。也就是说,孔子上课的方式,就是出题目让你想,想不出来——抓破头皮继续想;坐在讲台上等着你来问问题,不来问——你就等着补考吧,特别强调学生的智商和积极性。

这个事情很不好玩,聪明的学生,一下子领悟了老师的意思,可以出去玩了;愚笨一点的学生,估计头发抓光也想不出个所以然来,这一部分学生,要么是脱发严重,要么可能得"抑郁症"。所以需要一个善于开导安慰别人的学生,做心理辅导的工作。在孔子的学生中,子夏最适合干这个。

子夏,姓卜,名商,字子夏,后世亦称"卜子夏"、"卜先生"。他是孔子后期学生中的佼佼者,才思敏捷,以文学

---

[1] 见《论语·述而》。

著称,是孔子"十大优秀学生"排行榜上"文学科"的高才生。[1] 年轻的时候,特别喜欢做人的思想工作。但就像心理学家不一定没有心理问题一样,他能安慰别人,却安慰不了自己。在晚年,最心爱的儿子英年早逝,"白发人送黑发人",子夏每天以泪洗面,结果双目失明成了盲人。

孔子的弟子司马牛,是宋国的贵族。他有几个哥哥,个个都是手握权柄的恶人。孔子周游列国时,他的一个哥哥桓魋(tuí),因孔子骂过他而怀恨在心。孔子和弟子们在宋国边境的一棵树下练习礼仪的时候,他竟然派人把树给拔了,甚至威胁要杀掉孔子。司马牛显然不认同他哥,自己是孔子的学生,哥哥差一点要杀了自己的老师,老师会不会给我"小鞋"穿?会不会故意不给我及格?为此他愁肠千结,跟崔永元老师一样,显然是"抑郁"了。

他就去向同学子夏倾诉,司马牛忧愁地说,"人家都有兄弟,那是多么的快乐呀,唯独我没有"。子夏听了安慰说,

---

[1] 见《论语·先进》。"德行:颜渊、闵子骞、冉伯牛、仲弓。言语:宰我、子贡。政事:冉有、季路。文学:子游、子夏。"

译文:"德行好的有,颜渊、闵子骞、冉伯牛、仲弓。善于辞令的有,宰我、子贡。擅长政事的有,冉有、季路。通晓文献知识的有:子游、子夏。"孔子根据弟子们的特长,分为德行、言语、政事和文学四科。上述十个学生,都是孔子学生中的佼佼者,被誉为"孔门十哲"。德行指能实行孝悌、忠恕等道德。言语指善于辞令,能办理外交。政事指能从事政治事务。文学指通晓诗书礼乐等古代文献。

"我曾经听老师说,'一个人死与生,要听从命运的安排,富贵则是由天来安排的。'君子对工作谨慎认真,不出差错;和人交往态度恭谨而合乎礼节,那么普天之下到处都是兄弟,君子何必担忧没有兄弟呢?"[1] 司马牛一听,马上就释然了。是啊,哥哥是个坏蛋,那是他的事情;我只要好好学习,做个道德高尚的君子就行了。你看子夏多么会做工作,显然是个心理辅导员的理想人选。

孔子的"课程表"

孔子的"青年政治学院"是一所文科类综合性大学,因为孔子开办学校的目的,就是培养政治人才。

在孔子的眼中,一个理想的国家应该是这样的:国君贤明,大臣贤良,老百姓全是遵纪守法的良民。国君是天生的,轮不到他培养;良民他不想去培养,他要培养的是君子[2]和士。孔子认为,通过学校教育,社会上多了君子和士,就可以在这些人中间,选出道德素养、知识水平高的人来担任贤臣,

---

[1] 见《论语·颜渊》。司马牛忧曰:"人皆有兄弟,我独亡。"子夏曰:"商闻之矣:'死生有命,富贵在天。'君子敬而无失,与人恭而有礼,四海之内皆兄弟也。君子何患乎无兄弟也?"

[2] 在《论语》中,君子一般有两种含义。第一种是君子的本义,指有地位的人。第二种是有道德有学识的人。君子的含义,要看上下文的具体语境。

对上效忠于国君,对下服务于良民,这样的社会"简直不要太好"。用弟子子游的话说,"学而优则仕",学习好了,有了余力了,就可以去考公务员,为人民服务了。

孔子的课程设置围绕着教学目的展开。《论语·述而》说:"子以四教:文行忠信。"意思是,孔子开设了"文、行、忠、信"四门课程。类似于今天的文化知识、社会实践、思想政治和道德教育这四门主课。

必修课"大六艺"

"文",就是文化课。《史记·孔子世家》中说孔子以《诗》《书》《礼》《乐》教,这是文化课的主要内容。到晚年时,孔子又增加了两门文化课,即《易》和《春秋》。《诗》《书》《礼》《乐》《易》《春秋》,被称为"六艺"。后来孔子把"六艺"编成了教材,再加上孔子的思想在汉代逐渐变成了国家的主流思想,编教材的人牛了,教材也跟着牛了起来。后人就把这六种"教材"统一叫"六经"。《诗》《书》《礼》《乐》《易》《春秋》这六种典籍又叫"大六艺"。

《诗》,是我国古代的民歌。相传周代设有采诗之官,每年春天,采诗官们摇着木制的铃铛,深入民间收集歌谣,把能够反映人民欢乐疾苦的作品,整理后交给太师谱曲,演唱给周天子听,作为施政的参考。后来孔子对这些民歌进行了编订，就变成了现在三百零五篇的《诗经》了[1]。

现在，我们已经基本上不读诗了，除了诗人。但在春秋时期，你必须熟练掌握诗。因为，诗在当时主要运用于典礼和外交场合。

春秋时期典礼的种类很多，特别是在祭祀先祖时，你要恰当地朗诵一首诗。祭祀先祖，气氛肃穆香烟缭绕仙乐飘飘，你要是朗诵"关关雎鸠，在河之洲，窈窕淑女，君子好逑"这样情意绵绵的爱情诗，那就不对了，你先祖估计会从地下爬出来吓你，你爸爸回家会揍你。

在宴会的时候，也要用到诗。你请别人吃饭，要朗诵一首诗，这更要符合当时的情境。要是你请同学吃饭，敬酒的时候，你朗诵一首《硕鼠》："硕鼠硕鼠，无食我黍"，"大老鼠啊大老鼠，别吃我的粮食"，那你同学肯定起身离去生气不理你。

再比如你是个外交官，到国外办外交，也得恰如其分地引用诗，你要是不懂，自然就会被别人笑话。宋国的外交官华定到鲁国来，鲁国人一首首背诵诗，华定一首也背不上来，可以说是"丢人丢到国外去了"。所以熟读并灵活运用诗，是"士"必备的技能。所以孔子强调"不学诗，无以言"，

---

[1] 著名学者匡亚明、钟肇鹏先生等人认为，《诗经》原来就是305篇，孔子很可能是做过搜集、编辑、整理等工作，但无直接证据证明孔子曾经删减过《诗经》。

意思是不学好这门功课的话,你就不会好好地说话了。

《乐》,也是孔子的一门重要课程。学生们不仅要学习音乐的基本功,还要学习音乐理论和音乐欣赏。孔子本身是个音乐大师,在他的课堂上,孔子都是边弹琴边上课的,你要是不懂音乐,那你就是那头什么也不懂的牛,孔子就是"对牛弹琴"。孔子非常重视音乐教育,他把学习音乐作为一种修身的手段,是提高道德修养的必由之路。所以,五音不全的人上孔子的课,估计有点困难。

《书》,又称《尚书》或《书经》,是我国最早的一部史书。古代设有史官,分左史和右史。左史记言,专门负责记载领导人的讲话和言论等。右史记事,就是按照年代记载国家发生的大事,用今天的标准就是大事记。孔子把它作为政治和历史教材来使用,主要是教学生从历史中学习从政技能,为以后做官做准备。

《礼》,主要内容是各种礼仪规范,如同武林秘籍一样,你按照上面的图示和说明,就能掌握那些复杂的礼仪规范了。孔子特别重视这个科目的成绩,当然,孔子更重视礼仪实践。按照"礼仪"的精神,孔子经常带着弟子们演习各种礼仪规范,哪怕是遭受挫折没得吃没得穿的时候,照样坚持。

《易》,在孔子之前,这是一本讲阴阳八卦、占卜算命的书,类似于在公园摆摊的算命先生手里拿的《麻衣神相》的那种。但我们绝不能小看这本书,它其实包含着深邃的哲学道理。否则以孔子不信鬼神的性格,也不会在晚年把大部分精力都用在研究这本书上去。孔子曾经自豪地说,再给我几年的生命,我就能把《易经》搞懂了。[1] 所以,孔子晚年夜以继日地学习《易经》,以至于把固定书简的牛皮绳弄断了几次,这就是成语"韦编三绝"的出处。

《春秋》,当时的《春秋》其实是泛指各国的历史。后来孔子亲自编著了《春秋》。和《尚书》一样,孔子拿它作为学生们的历史政治教科书。

以上是文化课的六门教材。

必修课"小六艺"

有"大六艺"就有"小六艺"。一般认为,"礼乐射御书数"是"小六艺"。春秋时期,一个贵族要熟练掌握五种礼仪规范,要懂六门乐器(这个要求相当高,简直是中央音乐学院的水平),要学会五种射箭方法和五种驾驶技术,还要会书写六种书法字体,最后是学会九章算术。看来,古代贵族也不是天天喝酒作乐,他们的学业负担,比我们今天的重。

所以说,上孔子的"青年政治学院",综合性价比很高。因为孔子所传授的内容,既有贵族必须掌握的六种技能,又

---

[1] 见《论语·述而》。"加我数年,五十以学《易》,可以无大过矣。"

有贵族子弟都未必学到的、高于技能的"大六艺"等高级选修课程。因此，孔子教出来的学生个个成绩优异。后来，他们中的一部分人去做了官，另外一部分不愿意做官的，就去做了"教授"，他们传承了孔子的思想，继续从事着更加光辉的教育事业。

孔子另外三门课是"行、忠、信"。这些课程更侧重于思想道德的培养和教人为人处世的原则。"行"就是做人做事的处世之道；"忠"就是做事尽心竭力的为官之道；"信"就是诚实无欺的交友之道。在这三门课程中，"行"是总领，"忠""信"既是做人的准则，又是每个立志于做官的人必须具有的政治品德。

第七章
失败的"拆迁运动"

自齐国回来,孔子一直从事着世界上最光辉的教育事业。学校红红火火,学生越来越多。孔子是个负责任的老师,每天"诲人不倦",而不是像某些不合格的老师"毁人不倦"。他教学生们做人的道理和为政的知识,更重要的是,孔子的言传身教,将君子精神渗透到学生们的灵魂深处,让他们知道,除了生活,还有更为重要的"道"。

孔子认为,一个真正的君子,必然是具有高尚精神追求的人。他说"朝闻道,夕死可矣",意思是"早上明白了人间大道,到晚上死了也就不遗憾了"。他告诉学生们,"君子谋道不谋食"[1],"君子不能只追求吃饱穿暖的安逸生活,而应该有远大的追求",这是"士"的风骨。

---

[1] 见《论语·卫灵公》。子曰:"君子谋道不谋食。耕也,馁在其中矣;学也,禄在其中矣。君子忧道不忧贫。"

译文:孔子说:"君子用心求道而不费心思去求衣食。即使你亲自去耕田种地,难保不饿肚子;努力学道,却可以得到俸禄。所以,君子只担忧学不到道,不担忧贫穷。"

弟子曾参发扬了他的思想，他说，"士不可以不弘毅，任重而道远。仁以为己任，不亦重乎？死而后已，不亦远乎？"[1] 曾参的意思是，"作为士，必须要有宽广的胸怀、坚忍的品质，因为自己责任重大，直到自己死了才能结束，所以说道路遥远"。曾参认为，"士"应该具备两种重要的品格。第一是"弘"。"士"应该心胸宽广，能容物更能容人，心怀国家天下，牢记肩上承担的历史使命。第二是"毅"。"士"应该有坚忍不拔的意志和超强的忍耐力。就像北宋大文学家苏轼指出的那样，"古之成大事者，不唯有超世之才，亦必有坚忍不拔之志"。这种以天下为己任的理想、坚忍不拔的意志，一直激励着中国知识分子，"穷则独善其身，达则兼济天下"，用生命书写着一曲曲君子的赞歌。诸葛亮秉承"鞠躬尽瘁，死而后已"的信念；岳飞追求"精忠报国"的理想；顾炎武喊出了"天下兴亡，匹夫有责"的最强音。这些都体现了中国知识分子的良心，是中国知识分子最壮丽的宣言。

孔子就是这样一批伟大仁人志士的代表，更是他们的心灵导师。

时间一去不复返，孔子陷入了深深的焦虑之中。他已经过了"四十不惑"的年龄，正在向"五十知天命"的阶段迈进。孔子始终念念不忘的是自己的使命，有一片净土，恢复周礼，

---

[1] 见《论语·泰伯》。

第七章
失败的"拆迁运动"

建立一个人人爱人、人人自爱的"大同世界"。他曾经在一条大河的边上,看着浩浩荡荡的流水,发出感叹:"逝者如斯夫,不舍昼夜",感叹时间像流水一样消逝,日夜不停。

当下的鲁国,政治混乱,家臣执掌了鲁国政治。纵然孔子想出来做官,但也要考虑在什么人的手下做官,因为,君子"有所为而有所不为"。事实上,孔子一生,好几次拒绝了做官的机会,直到他在五十一岁的时候,才开始了一段短暂但辉煌、失望而彷徨的从政生涯。

前倨后恭的阳货

自从阳货恶狠狠地把十七岁的孔子从"猎头大会"的宴会上赶走,已经三十年了。三十年来,阳货的势力越来越大。

鲁定公五年,那个和别人斗鸡失败、抢了国君"歌舞团"的季平子死了,儿子季桓子成为鲁国的执政官。阳货显然不把这个刚刚上位的年轻人放在眼里,找个机会抓了季桓子最宠信的家臣仲梁怀。季桓子一看自己最喜欢的人被抓了,就派兵来抓阳货,结果反被阳货抓了,关起来直到季桓子服软认输为止。至此,鲁国真正陷入了孔子深恶痛绝的"陪臣执国命"的状态。

权力和名誉是一对双胞胎。有权力的人要追求名誉,有名誉的人想手握权杖,阳货就是这样。他想招揽人才,一方

面为自己出谋划策，另一方面给他装点门面。就像中小学朝思暮想能拥有几个特级教师，大学拼命追求多出几个院士甚至诺贝尔奖一样。

于是，当初充满"傲慢与偏见"的阳货，准备稍微放低姿态，请孔子出山。此时，孔子已经是享誉"世界"的知名学者了。鲁国国君赏识他，连生个儿子都要送条鲤鱼；齐国国君青睐他，来鲁国访问专门邀请他去开座谈会，后来还差点封给他一块地做大官。如今，孔子更是成了国际知名大学的校长，门下弟子众多，实力不可小觑。所以，阳货要把孔子争取过来为他所用。

阳货作为季孙氏的家臣，能够逐步掌握鲁国的最高权力，不是运气好那么简单。要是罗贯中再写一部春秋演义的话，他肯定把阳货写成和曹操一样的"乱世之奸雄"。阳货曾经有一句名言流传甚广，叫"为富不仁，为仁不富"，意思是有钱人就没有仁德之心；有了仁德之心就成不了有钱人。话糙理不糙，一针见血地指出了当时社会混乱、道德滑坡的现状。

阳货决定去找孔子出山。他知道，见孔子是一件很尴尬的事情，纵然自己大权在握，孔子也未必愿意搭理他。所以，阳货就像《天龙八部》中的慕容复一样，想了"以其人之道还治其人之身"的办法，你孔子不是尊崇礼制吗，我就设一个局，让你不得不来见我。于是，阳货趁着孔子不在家，送了一只烤乳猪去。因为根据当时的礼制，要是上级领导送礼给你的话，你必须亲自上门还礼。孔子也不含糊，同样也来一招"以其人之道还治其人之身"，他让学生打听到阳货不在家，自己也抱着一只烤乳猪，送到阳货的家里去。其意思很明白，你送我烤乳猪，我也送你烤乳猪，绝不送你烤山芋，我虽然比你穷，但我们人格平等。我本是要拜见你，但你不在家，我们也没有必要说话，你走你的阳关道，我走我的独木桥，从此两清。

和阳货的狭路相逢

命运总是充满着巧合，孔子和阳货恰恰在路上遇到了。其实事情应该没有这么巧，阳货可能在孔子的学校布置了"克格勃"，孔子一出门，他就盯上了，于是就在路上"守株待孔"。阳货虽是个为非作歹的坏蛋，但水平不差气场强大。他一通雄辩的三段论，说得孔子哑口无言。

阳货说，空有一身的本事，本可以报效国家，却在国家混乱最需要人才的时候，躲起来假装隐居享清闲，这难道是仁人吗？这不能算是仁人吧。自己一心想做官，但是一次次失去机会，这样算是智者吗？恐怕不算吧。时光一去不复返，

机会不等人,"过了这村就没这个店了"[1]。阳货这货够聪明,十分懂得抓住别人的心理,采用了"以子之矛攻子之盾"的辩论技巧。因为他说的这些理论,正是孔子平时经常强调的。孔子也没有办法,只好说,我是迟早要出来做官的。

阳货一听,这样挺好,就回家等着吧。别看孔子说不过阳货,但他的回答显然埋了伏笔——我是要出来做官的,但我从来没有说过要在你阳货那里做官。这说明,孔子也是个关键时刻"不掉链子"、机智灵活的人。孔子一直教育学生要以诚信为本,不说假话。诚实固然是美德,但也要具体情况具体分析。和孔子同时代的古希腊大思想家苏格拉底就说过,欺骗自己人是不符合道德的,但可以欺骗敌人。就像小

---

[1] 见《论语·阳货》。阳货欲见孔子,孔子不见,归孔子豚。孔子时其亡也,而往拜之,遇诸涂。谓孔子曰:"来!予与尔言。"曰:"怀其宝而迷其邦,可谓仁乎?"曰:"不可。——好从事而亟失时,可谓知乎?"曰:"不可。——日月逝矣,岁不我与。"孔子曰:"诺,吾将仕矣。"

译文:阳货想会见孔子,孔子不去见他。于是,阳货想了一个办法,给孔子送去蒸熟的小猪。根据当时礼尚往来的原则,孔子在收到礼物以后,应该登门拜谢。孔子不想见这个人,就趁他不在家的时候去拜谢他,但在路上遇上了阳货。阳货对孔子说:"来,我有话要跟你说。"阳货接着说:"有才能却怀着不用而听任国家迷乱,这可以叫做仁爱吗?不可以。——喜欢参与政事而又屡次错过机会,这可以说是聪明吗?不可以。——时间一天天过去了,岁月是不等人的。"孔子说:"好吧,我答应你去做官。"本书从简,采取意译法。

第七章
失败的"拆迁运动"

英雄王二小故意说谎,把日本鬼子引入埋伏圈一样。

孔子最终没有到阳货手下做官。要是历史可以假设,孔子真的加入了阳货的团队,成了他的狗头军师,那么孔子将会在历史上留下沉重的骂名,也就没有万世敬仰的"至圣先师"了。

阳货简直就是孔子一辈子的敌人。孔子十七岁时被他侮辱,现在又前倨后恭来找他。所以,孔子抱定了"有他没我,有我没他"的态度,坚持"非暴力不合作"。但阳货就像个阴魂一样纠缠着孔子,让孔子一直很不爽。后来孔子在周游列国时,路过匡地,因为长得和阳货差不多,还被匡人当做阳货围起来,差点丢了性命。

虽然孔子坚决拒绝了阳货的邀请,但内心的焦虑感与日俱增,毕竟他已经是快五十岁的人了。人生就像是冰棍,越舔越短,最后只剩下一根棍;而人生的目标,竟然像坚韧的橡皮筋,看似触手可及,实则越拉越长。孔子有点寂寞难耐蠢蠢欲动。

幸亏有子路在,否则孔子晚节难保了。鲁国的公山不狃(niǔ)背叛季氏,想请孔子去给他们"捧个场"。这一次,孔子真的有点动心了,但子路强烈反对,孔子没有去成。孔子解释说,那个请我去的人,难道是白白地请我去吗,如果真的有人用我,我就能把周文王、周武王的事业,在东方复兴起来。后来在孔子周游各国找工作的时候,晋国的佛肸(bì xī)举兵反叛,请他参加,孔子竟然也准备去,又是子路反对。

子路说,老师说过,君子绝不到做坏事的人那里去,你怎么要去他那里啊。孔子只好说,最坚硬的东西是磨不透的,最洁白的东西是染不黑的,我不是匏(páo)瓜,怎么能只挂在墙上让人看而不让人吃呢?[1]

"模范县长"的牛刀小试

孔子已经五十岁了,一直很焦虑。司马迁的《史记》很准确地描述了孔子当时的心态,"循道弥久,温温无所试,莫能己用"。自己追求做官服务社会已经好久了,但是没有人给这个机会。这种焦虑学生们都知道,从他饥不择食慌不择路,两次想到"乱臣贼子"那里去做官的行为便可以看出。

有一天,子贡和孔子玩了一场"哑谜"游戏。子贡果然是个生意人,连哑谜都是关于做生意的。他问孔子,"有美玉于斯,韫椟(yùn dú)而藏诸?求善贾(gǔ)而沽诸?"子贡说,"我有一块美玉,是把它藏在盒子里,还是找个识货的人卖掉?"孔子是个聪明人,一听就明白,但也不点明,而是说,"沽之哉!沽之哉!我待贾者也"。意思是"要卖!

---

[1] 见《论语·阳货》。佛肸召,子欲往。子路曰:"昔者由也闻诸夫子曰:'亲于其身为不善者,君子不入也。'佛肸以中牟畔,子之往也,如之何?"子曰:"然,有是言也。不曰坚乎,磨而不磷;不曰白乎,涅而不缁。吾岂匏瓜也哉?焉能系而不食?"

第七章
失败的"拆迁运动"

要把它卖了啊!我是等待着那些识货的人来"[1]。不愧是一个出色的外交家,子贡很懂说话的技巧,他是用玉来比喻老师。古代君子喜欢佩玉,因此人们常用美玉来形容君子,表示君子的品格像玉一样温润。要是子贡说,我有一块猪肉,是卖了它还是藏在冰箱里,孔子估计会一手杖打过去。

识货的人终于出现了。

不作死就不会死,实在太"作"的阳货终于失败逃走了。鲁国的形势比以前要好些了。鲁定公和季桓子认为,孔子的思想还是"忠君"的,对他们有用。当然,孔子在鲁国官场上也有"人脉",也许是孔子的贵族弟子南宫敬叔或孟懿子从中推荐,[2]孔子第一次正式踏上了仕途。那一年,孔子正好五十一岁。

孔子被任命为中都宰,大概相当于鲁国首都一个县的县长。孔子果然是政治人才,他带着学生们走马上任,大刀阔斧地开展了一系列改革,制定了几条"养生送死"的制度。他发布规定要求,老人和小孩要加强营养,多吃好的;体力好的人和体力差的人,在分配劳动任务时,要有所区别等。一年之后,中都的经济实力和精神面貌有了很大的提升。在鲁国的年度考核中,中都荣获第一名,成为远近闻名的"模范县"。司马迁在《史记》中给予了高度评价,"孔子为中

---

[1] 见《论语·子罕》。
[2] 此处无证据证明,纯属想象。

都宰,一年,四方皆则之",意思是"孔子做了县长,一年就成了四方学习的典范"。各地领导纷纷组织学习考察团,到中都来学习取经,孔子小试牛刀就大获成功。

孔子的事迹告诉我们,有作为才会有地位。你成绩好,班主任可能会请你做学习委员;你经常做好事帮助别人、各方面表现优异,校长说不定早已把你当成少先队大队长或团支书的人选了。

跻身"部级高官"行列

头顶着鲁国"模范县长"的光环,孔子很快就升官了,他被任命为司空。《史记》中记载,孔子"由中都宰为司空,由司空为大司寇"。孔子就像坐了火箭一样,踏着七色彩云,一下子由基层县长变成鲁国的部级干部。看来,孔子这是要做宰相的节奏。

司空主要负责工程建设,相当于现在国土资源和建设部部长。但孔子没有做到大司空,而是小司空,相当于部长助理。"空"在古代是"洞"的意思,[1] "司"是"负责"之意,两个字合起来,说明孔子担任的是专门挖掘山洞的官。其实,孔子挖的既不是隧道,也不是防空洞,而是房子。古人一般

---

[1] 关于"空",也有学者说是"工"的意思。

第七章
失败的"拆迁运动"

在山上挖洞作为房屋,所以孔子的官职应该是鲁国城乡住房建设部副部长。

明白了这个,我们就可以举一反三,理解"司马"和"司寇"的管辖范围了。在古代,马是战略物资,一支马队相当于现在的摩托化部队,所以司马就是指挥军队的国防部长。"寇"是个会意字,意思是一个人拿着棍子到你家里来,很显然,这个人不是强盗就是小偷。因此,司寇就是专门抓贼的人,相当于现在主管治安的公安部长。

孔子做了一段时间的司空,他带着学生们,在全国丈量土地,大力加强农业基础设施建设。他把全国的土地分成各种不同的类别,按照土地的特点,分别种上不同的作物。可以想见,这一年,鲁国人算是吃上了一顿饱饭。

孔子政绩显著,得到了鲁国统治者的认可,很快被任命为大司寇,主管全国的治安司法工作。也就是说,孔子除了是鲁国公安部长之外,还兼任着司法部长和最高法院院长的职务,主要任务是判决案件。

神羊判案的传说

春秋时期,还没有成熟的成文的法律,处理案件主要靠习惯。也就是说一个人是否有罪,有时候要看法官的心情,有时候要看自己的运气。中国司法的鼻祖皋陶,是舜帝和夏

朝初期的一位贤臣,曾经被舜任命为掌管刑法的"理官"(据说他是天下李姓的始祖,"李"源于"理",是以职业为姓),是著名的法官,又是"神探",以正直闻名天下。虽然皋陶能力很强,但也有解决不了的案子。据说,此"神探"要是实在找不出凶手的话,就牵出一只"神羊"。反正就听这只羊的,羊撞向谁,谁就有罪。

用今天的眼光,要是用一条警犬,也算有些道理,用羊也太荒唐了一点。要是那个人早上在田里干活,一身的青草香,就像"懒羊羊"到了"青青草原",那只"神羊"一头撞过去,那个人不就倒霉了。没办法,古代就是这样,在没有法治精神的时代,活下来得靠运气。

孔子就比皋陶负责任,他第一个引进了类似现代司法制度中"人民陪审员"制度,在判决之前,他要把处理案件的那些官员都找来,一个个征询他们的意见,在群众意见的基础上,再做决定。

虽然孔子判案很公正,但他其实不想判案。他说"听讼,吾犹人也,必也使无讼乎"[1]。意思是,"我审判案件和别人没有什么不同,但我的目标是让人们不打官司"。也就是说,孔子不愿意人们撕破脸皮打官司,他的最高目标是全国人民和和美美,大家都是好朋友,牵着手一起走,寻找幸福的生活,

---

[1] 见《论语·颜渊》。

谁也不要去打官司。实在要打官司的话，孔子会想方设法搞调解，最好各自撤诉回家。

有个父亲因为儿子不孝揍了儿子一顿，儿子就去孔子那里告父亲侵犯人权，而父亲也反过来告儿子不孝之罪。面对这个案件，孔子处理得很巧妙，也不判决，先把这父子二人关上三个月再说。因为按照孔子的逻辑，儿子不孝违反"礼"，老爸打人也不对，既然都有错，就得接受犯错的后果。结果父亲和儿子在牢里诚心悔过，谁都有错，各自回家，各找各妈。从此以后，这二人父慈子孝其乐融融。

用现在的法治思维，孔子的行为严重违法。但孔子的"无讼"思想倒是符合司法的最高目标。就像著名教育家陶行知先生"教是为了不教"的理念一样，司法的最高目标就是最终达到法官和律师都失业的目的——大家都一团和气，社会和谐稳定，没事谁去打官司？

这个思想其实也是孔子"仁"的思想的体现。他要求我们每个人先修炼好自己，履行好自己对亲人的责任；如果有机会，则努力报效社会，建立一个风尚淳朴、人际和谐的社会，让每个人都能找到自己合适的位置，实现自己的理想。

一场辉煌的外交胜利

鲁国处于齐国、晋国等几个大国之间，日子并不好过。

作为"小弟",必须谨慎而明智地"傍大款",才能在大国的争斗中生存下来。鲁国本是认了晋国做老大的,但是老大的日子也不好过,国内家臣叛乱,国力衰弱,外交影响力与日俱下。齐国也很生气,鲁国是自己的老邻居,本来应该是自己的"小弟",但鲁国偏偏要和晋国好。所以,齐国一直找机会教训鲁国,最好把鲁国拉过来做"小弟"。

鲁国境内家臣的叛乱,最终没有泛出什么水花,政局日趋平静。孔子跻身领导层之后,带着学生们,把鲁国治理得欣欣向荣。鲁国逐步走上了发展轨道,国力也日渐强盛起来。就像自私的人看不得别人好一样,作为鲁国的邻居,齐国忧心忡忡,不希望鲁国强大。趁着鲁国羽翼未丰之际,齐国想和鲁国来一次会盟,显示"牙齿",炫耀武力,让鲁国彻底沦为附庸,成为自己的"小弟"。

公元前500年,孔子五十二岁。齐国要求和鲁国来一次友好的聚会,用当时的外交语言就是"会盟"。地点定在泰山以东一个叫"夹谷"的地方。鲁定公没有办法,只好同意赴这一场不怀好意的"鸿门宴"。作为司寇,孔子还负责外交事务。他好学懂礼,对复杂的外交礼仪烂熟于心。更重要的是,孔子曾经在齐国两年,和齐景公有过交情,熟悉齐国的情况,也算是知己知彼了。所以孔子被任命为鲁国国君的"相礼",相当于国君的外交助理。孔子在临出发前,告诉鲁定公,对于这种居心叵测的"会盟",千万不要相信什么

第七章
失败的"拆迁运动"

"见个面喝个茶,两国人民乐哈哈"的鬼话,还要做好军事准备。所以就派了左右司马带兵以防不测。

齐景公带着宰相晏子,大老远跑过来,果然不是和鲁定公喝茶聊天的。会盟刚一开始,齐国的歌舞团就上来表演助兴。要是敲锣打鼓弹琴鼓瑟也就罢了,但乐队中还有人拿着刀枪剑戟斧钺钩叉的,这显然不是来唱歌跳舞的。孔子一看,知道齐国有阴谋,于是也顾不上那些外交礼仪了。本来主席台是个土台,按照外交礼仪,孔子应该如同男模一般,气质优雅地一级级地登上土台。但情况紧急,以孔子的身高和强健的体魄,估计那时的速度要胜过奥运会冠军刘翔。孔子一个箭步跨在台阶上,厉声说,两国国君在谈话,你们上来干什么!孔子嗓音洪亮气场强大,这一声很有震慑力。齐国管事的只好让这些冒牌"歌舞团"下去。

齐景公和鲁定公继续假装喝茶聊天。过了一会,齐国礼仪官说请宫廷乐队奏乐,齐景公说好。因为他知道,第一波攻势被孔子挫败,再不"奏乐"就来不及啦。这哪是宫廷乐队,简直是齐景公的宫廷卫队,于是一大帮长得"七长八短耍把式"的人,又唱又跳地上来,直逼鲁定公。孔子一看,再次一个箭步冲上去,挡在鲁定公面前,大声呵斥道,戏弄诸侯的,应该斩首!齐国人这次算是"懂礼",只好把这些人斩首。

齐景公虽然奢侈无度,但也是个明白人。就像《三国演义》里经常写的那样,他应该是看到"密林里隐隐有旌旗招

展",知道鲁定公和孔子肯定"留了一手",所以喝茶聊天也就罢了,打招呼走人。

"夹谷之会"后,齐景公有种深深的挫败感,就埋怨大臣说,人家鲁定公和孔子,都是按照礼节办事,而你们却给我出这样的鬼主意,老大没当成,反倒让我在国际场合丢了人。为了弥补自己失礼行为,一贯大方的齐景公,就把以前抢占鲁国的三座城市,归还了鲁国。

在孔子的领导下,鲁国取得了一场辉煌的外交胜利,打破了"弱国无外交"的思维定势。

弱国真的无外交吗

"弱国无外交"似乎已经是一个常识了。抗日战争时期,国民政府外交部长蒋廷黻(fú)先生,参加国际谈判。蒋先生的英语标准流畅,发言理直气壮,但是没有人听他讲。日本外交部长的英语水平相当丢人,明显带有"北海道海盗"的口音,估计除了自己懂没人懂。他言辞粗鲁,大家却十分关注。美国总统罗斯福对蒋廷黻先生说,"你英语讲得很好,发言也很有道理,但是你的国家太贫弱,弱国无外交"。意思是外交谈判,还是要看国家的实力,国家实力太弱,话说的再好听,也是白瞎。

但从孔子在"夹谷之会"的表现来看,还应该有一句话

第七章
失败的"拆迁运动"

叫"弱国靠外交",关键要看外交官的水平。当然,我们并不是说蒋廷黻先生水平不高。蒋先生在外交场合,为中华民族的利益做出了巨大的贡献。因为春秋和民国相距近两千年,情况有所不同。春秋时期各国诸侯多少还讲些礼数,可以讲些道理,但到了二十世纪初,已经变成一个赤裸裸的弱肉强食的时代了。我们无法想象,一个伟大的外交官,怎么去和山本五十六或希特勒讲道理。

幸运的是,鲁国处在一个多少还讲些道理的时代,更幸运的是,有孔子这样一个伟大的外交家。后来孔子教出的弟子子贡更是青出于蓝胜于蓝,成为国际知名的外交家。到了战国时代,更是涌现出一大批熠熠生辉的职业外交官,如苏秦、张仪。

苏秦跟着著名战略大师鬼谷子学习外交谋略。学成后,在外游历多年一无所获,穷困潦倒回到家里,但家人很不待见。老婆不给他做衣服穿;嫂子不给他做饭吃;父母生气不跟他说话,苏秦感觉自己简直"弱爆了"。亲人对苏秦狠,但苏秦对自己更狠,他"头悬梁锥刺股"发愤学习,终于想出"合纵"之术,靠学问和口才,最终担任了六国的宰相。

一般认为,张仪是苏秦的同班同学,也是战国时期职业外交家的代表人物,是苏秦"一辈子的敌人"。和苏秦差不多,张仪也是个勤奋好学的典范。年轻时替人家抄书,遇到好词好句就写在手上或腿上,搞得别人以为他是喜欢纹身的小混

混。晚上回到家中，就折竹刻写，久而久之集成册子。后人就以"张仪折竹"来形容勤奋刻苦学习。

苏秦在成功之前，家人很不待见，其实张仪的家人也好不到哪里去。张仪完成学业去游说诸侯，他曾陪楚国宰相喝酒。席间，楚相丢失了一块玉璧，怀疑是张仪干的，于是就把张仪抓起来狠揍了一顿。回到家，张仪的妻子又气又恨地唠叨，你整天搞这个游说有什么用，还不是被人揍得满脸"柴米油盐酱醋茶"。张仪说，你看我的舌头还在不在，妻子说舌头还在，张仪说这就够了。后来张仪靠着这条雄辩的舌头，去秦国做了宰相，他推行"连横"之术，在外交上与苏秦对抗。

什么是"合纵连横"之术？通俗地讲，苏秦的"合纵"，就是游说六国的君主，联合起来对抗秦国。而张仪的"连横"之术，则是游说六国的君主，帮着秦国一起打其他弱小的国家，反正张仪就是要和同学苏秦反着来。而各国对"合纵连横"之术也是灵活运用。主要原则是：秦国强大，就跟着秦国搞"连横"；秦国衰弱，就跟着六国搞"合纵"。总之，春秋末期和战国时代，是一个弱肉强食、"有奶就是娘"的世界。

孔子的"翩然而出"

孔子在外交上取得了一场酣畅淋漓的胜利，这让他的仕

第七章
失败的"拆迁运动"

途更加光明。鲁定公欣赏孔子，不仅是他在"夹谷之会"中保护了自己，更为重要的是，孔子具有治国理政的才干。很显然，鲁定公已经把孔子当成最得力的左膀右臂了。鲁国的执政官季桓子也很欣赏孔子，他们俩一商量，就任命孔子为代理宰相。

《史记》记载说，孔子"由大司寇行摄相事"，并"与闻国政"。鲁定公是名义上的国家元首，只负责开开会，真正的权力在季桓子手里。"代理宰相"意味着孔子一跃成为鲁国第三号人物了。

国学大师钱穆先生说，"在鲁君臣既有起用孔子之意，孔子亦翩然而出"。这个"翩然而出"非常形象地描述了孔子的心理状态。"打起手鼓唱起歌，你看我孔子多快乐"，爱好唱歌的孔子，一定是歌之咏之舞之蹈之的。就像唐朝的"诗仙"李白，在离国都长安不远的终南山假装隐居，天天写诗发表在核心刊物上，以引起唐玄宗的注意。直到有一天，唐玄宗给李白"打来电话"，邀请他去长安聊一聊，李白欣喜若狂，"仰天大笑出门去，我辈岂是蓬蒿人"，仰天大笑出门登上去长安的班车，做官去喽，我怎么可能是混迹于草莽的庸人呢，整个唐朝都回荡着李白狂放而青春无忌的笑声。想必孔子也是这样，"春风得意马蹄疾，一日看尽长安花"，脸上时刻挂着志满意得的微笑。

在成功来临时，谁不欢欣鼓舞呢。经过多年的拼搏，孔

子从一个贫寒家庭的孩子，一跃成为鲁国第三号人物，距离执掌国政、恢复周礼、建立"大同世界"的理想越来越近，所以孔子喜形于色。子路又看不惯了，对孔子说，"我听说君子在大祸临头的时候不恐惧；在喜事降临的时候也不喜形于色"。子路告诉老师，别一得意就忘形，作为鲁国的"三把手"，得"端着点"。孔子不以为然地说，"是有这句话，但不是还有一句话说，我有了地位，能够做一些事情，又能谦虚地向别人学习，不也是很开心的事情吗"。总之，孔子认为自己心情舒爽的理由很充分。

一场失败的"拆迁运动"

孔子大权在握，他有个庞大的计划——打击"三桓"的势力，让鲁定公重掌大权。当时鲁定公是个"木偶人"，"三桓"专权，而"三桓"内部又是家臣专政，局面很混乱。早在齐国的时候，孔子就一直主张"君君臣臣，父父子子"，而现在鲁国的现状是"君不君，臣不臣"，一切都乱了套。所以，孔子想搞一次规模宏大的"拆迁运动"，拆了"三桓"的城池，借此打击"三桓"的势力，维护中央的权威。

周朝规定，贵族诸侯的城墙高度不得超过十八尺。而季孙氏、孟孙氏和叔孙氏在首都之外还拥有三座城池，这三座城池城墙高大壁垒森严，守城士兵众多且武器先进。更为重

第七章
失败的"拆迁运动"

要的是,名义上是"三桓"的城市,实际上也被家臣控制,成了独立王国。也就是说,"三桓"也控制不了自己的家臣了。所以,"三桓"特别是季桓子也支持这场拆迁运动。

孔子派能干的子路全权负责此事。在子路的指挥下,拆迁行动一开始很顺利,先拆了叔孙氏的城。按照计划,第二轮应该拆掉季孙氏的城,但这座城池被公山不狃占据,就是曾经召孔子去他那里做官的人。公山不狃又叫公山弗扰,看来这家伙显然不想让别人打扰自己的生活。他不仅不同意"拆迁",还公然抗法,甚至组织了部队到首都去"暴力上访",最后被孔子击败逃走。

最后轮到孟孙氏的城池了。孟孙就是孔子的学生孟懿子,按理说,学生应该听老师的话,但在利益面前,没有朋友。孟懿子手下一个将领看穿了孔子的意图。他告诉孟懿子,孔子"很阴险",表面上是打击家臣的势力,实际上是要削弱"三桓"。孟懿子一听,原来老师这是在"忽悠"我啊,所以孟懿子表面上拥护"拆迁",实际上却暗中支持对抗政府。子路带人从夏天到冬天,连一块砖头也没有拆掉。鲁定公亲自出马带兵包围了那个地方,但最后以失败而告终。孔子的强拆运动最终失败,遭到了政治上第一次严重的打击。

可见,拆迁历来是老大难的问题。现在的拆迁,给钱给房子,面对的还是一帮遵纪守法的老百姓,难度都这么大,更何况是春秋时代一帮拥有武器整天想造反的家臣了。孔子

的计划虽然很完美，但是人算不如天算，抑制"三桓"势力的意图被人看穿，导致拆迁运动失败。自此，孔子把自己推向了"三桓"的对立面，和孤零零的鲁定公站在了一起。但鲁定公自己如"泥菩萨过河自身难保"，这预示着孔子的仕途将布满荆棘。

拆迁运动虽然失败，但在孔子的治理下，鲁国政局日趋稳定，有些不好的人也开始转变了。原来有个羊贩子，每天用水把羊肚子灌满，以增加重量，现在也不往羊肚子里灌水了；有个人的老婆作风不好，原本他怕老婆不敢离婚，现在也果断离婚了。男女文明起来了，按照男左女右的规则分开走路啦；路上丢了东西没人去捡，任何时候都能再把它找回来；现在社会老人跌倒"扶不扶"的问题，在思想境界很高的鲁国人面前，简直就是个笑话。

鲁国成了礼仪之邦，人们办事再也不用走后门了，再也不要向官员行贿送礼了。据说现在美国人还有些歧视外国人的毛病，但那时鲁国绝对没有，"世界"各地的人们来"旅游购物"，都能享受和鲁国人一样的"国民待遇"，就像回到自己家一样。人们安居乐业一派和谐，鲁国的形势一片大好。

齐国的离间计

一贯对鲁国实施"遏制政策"的齐国，一直盯着鲁国。

第七章
失败的"拆迁运动"

他们的政策是:鲁国一发展,齐国就捣乱。

鲁国发展起来了,齐国担心如此下去,身边必将崛起一个强大的邻居。到那时,不仅鲁国不肯做自己的"小弟",自己沦为鲁国的"小弟"也未可知。但如何遏制鲁国发展,这是个战略问题。孔子好学懂礼,有治国理政之才,且军事指挥能力突出,齐景公在"夹谷之会"上,已经栽了跟头,再来一次不怀好意的会盟,显然已经没有任何意义。所以,齐国得想个办法。

一贯正直英明的宰相晏子去世了。虽然摆过孔子一刀,但孔子还是很尊敬他。孔子说,"晏平仲善与人交,久而敬之"。[1] 称赞晏子是个好人,"晏平仲善于与人交朋友,相识久了,别人仍然尊敬他",言语中颇有惺惺相惜之意。晏子在位时,齐景公还能听得进晏子的话,如今,晏宰相去世,齐景公做事就失去了章法。

关于如何对付鲁国的问题,齐国领导层有两种看法。一是反正鲁国强大了,不如主动认输做"小弟",送几座城市给鲁国,说不定鲁国一高兴,就认了齐国做"小弟",大家各得其所各自欢喜。二是离间孔子与鲁国执政者的关系,逼走孔子。这个办法是个"系统工程",在"三十六计"中分别是"美人计"和"离间计",这是一个叫黎鉏(chú)的

---

[1] 见《论语·公冶长》。

大臣想出来的。"夹谷之会"上齐国想用"歌舞团"劫持鲁定公的行为,也是这个人的主意。

这个点子的核心是离间鲁国君臣之间的关系,手段是送美女给鲁国。

把美女送给孔子吗?想想都困难。孔子曾经有一句名言,"唯小人与女子难养也",他认为有些女孩子不好惹也不好相处,所以孔子主张要"敬而远之"——保持恭敬的态度躲得远远的。所以,在孔子身上使用"美人计",基本上没戏。但黎鉏显然具备了心理学家的水平,他对人性的理解很深刻。孔子是个一本正经的老古板,对女孩子有成见。但鲁定公和季桓子喜欢,把美女送给他们俩,二人肯定乐不可支。他们一高兴就不理国政,孔子肯定冲冠一怒;孔子一生气,准会转身离去!

这是有先例的。当年十七岁的孔子去参加"士"的宴会,被阳货恶狠狠地骂了出来,孔子一句话也没说,转头就走了。黎鉏显然抓住了孔子性格中的弱点。孔子讲道德,对国君沉溺女色这种事深恶痛绝;孔子讲原则,对不符合道义的事情,肯定头也不回地决绝走人。所以这是中国历史上最为奇特的"美人计"——鲁定公和季桓子得到了好处,孔子和学生们却中计走人。

第七章
失败的"拆迁运动"

美女来了，孔子走了

齐国送了鲁国一百二十匹好马，相当于送给鲁定公一百二十辆劳斯莱斯幻影，这很贵重；更为重要的是，随车还赠送了八十名如花似玉的美女"车模"，这更贴心。香车美女历来是男人的心爱之物，齐国这个大礼，实在充满了诱惑。"豪车"和"车模"就停在鲁国都城外面，围观群众情致高昂，敲锣打鼓，用宋丹丹老师的话说，"那场面是相当的热烈"。

季桓子首先得到了消息，心向往之。但限于身份，不好光明正大地去看美女豪车，于是就化装成老百姓，混在人群中，垂涎三尺地欣赏。那种神情，可以参考现在车展上某些男人，双眼放光大嘴开张、手拿相机一顿狂拍的猥琐神态。季桓子越看越喜欢，化了三次装，接连去看了三回。季桓子不好意思专享，偷偷地告诉鲁定公。鲁定公心里痒痒得如猫抓一样，就假装深入民间出去巡游，其实是和季桓子去看美女香车去了，一连好几天都没有去上班（此处有想象的成分，也许鲁定公忍住没去，反正季桓子天天泡在那里）。

孔子知道了，子路忍不住了。子路说，"老师，这里我们不能待了"，孔子还在犹豫不决。仿佛哈姆雷特的"生存还是死亡"一样，是走还是留，"这是个问题"，但孔子决心等一等。对心怀大志的孔子来说，就这样离开自己的父母

之邦，这是个艰难的抉择。孔子说，再等等吧，马上就要在郊外祭祀了，如果还能按照礼仪把烤肉分给我们，那么我们还可以留下不走。可是季桓子接受了齐国的美女，感觉时间不够用，恨不得一天有二十五个小时，没空去上班，连重大的祭祀活动也潦潦草草。祭祀之后的烤肉，也没有分给孔子他们，估计全给那八十位美女了。

孔子一生气，带着学生们就走了。不要以为孔子生气是因为没有分到烤肉，孔子不是那么贪吃和小气的人。后来孟子就这个事情替孔子解释，孟子说，"不知者以为为肉也，其知者以为为无礼也"[1]。意思是，"不了解孔子的，以为他是为了那点祭肉而离开的，了解孔子的，只认为他是因为鲁国的失礼而离开的"。

孟子描述了孔子离开鲁国时的状态，说他"迟迟吾行也"，意思是孔子一步三回头，对鲁国充满了留恋。对比当年孔子仓皇失措快速逃离齐国，这一次是磨磨蹭蹭。用周华健的歌就是，"其实不想走，其实我想留，留下来陪你整个春夏秋冬"。

孔子一行到鲁国边境时，鲁国的乐师来为孔子送行。孔子说，大家都是懂音乐的人，其他话就不说了，我给你唱首歌吧。孔子唱道：

---

[1] 见《孟子·告子下》。

第七章
失败的"拆迁运动"

彼妇之口,可以出走,
彼妇之谒,可以死败。
盖优哉游哉,维以卒岁!
用现代诗歌的形式,可以这样写:
那些美女们舌绽莲花,
我们只好离开国家。
那些美女们容颜如花,
国家大厦将会崩塌。
让我们悠闲地离开吧,
什么事都不要管啦!

第八章

十四年熬成"面霸"

鲁定公和季桓子正沉浸在"温柔乡"中,孔子却带着弟子们,满怀留恋地走了,虽然是"迟迟吾行也",但孔子已经下定决心,离开这个已经面目全非的"父母之邦"。

孔子在鲁国短暂的四年从政经历,取得了辉煌的成绩。孔子与国君、执政者的关系还算融洽,甚至有过与季桓子"三月不违"的"蜜月期"。孔子按照自己的政治理想,在鲁国推行"仁政"和"礼乐",鲁国的国际竞争力迅速提高,人们互敬互爱、一片和谐。假如孔子的从政之路一片坦途的话,鲁国或许不会称霸,因为这不符合孔子的政治思想,但鲁国也许会成为春秋时期最安定和谐的国家。

但是一切如梦如幻如泡影,孔子必须走了。

第八章
十四年熬成"面霸"

"东西南北之人"

孔子和弟子们,用了十四年"周游列国"。所谓的"周游",只是一种美好的想象而已。事实上,十四年来,孔子和弟子们,到处投简历找工作,参加面试,成了不折不扣的"面霸"。但最终不是被"炒鱿鱼",就是被迫辞职走人。司马迁在《史记》中说,"孔子明王道,干七十余君莫能用"。"干",在古文中是"拜访"的意思,而不是说孔子一路"揍"了七十多个国君。司马迁的意思是说,"孔子为了实现自己推行仁政的思想,见了七十多个大小国君,但是没有一个能任用他的"[1]。

十四年来,已经进入"知天命"之年的孔子,带着学生们,艰难跋涉于四方,一路上备受冷遇,(即使是像卫灵公、卫出公那样的礼遇,也是敬而远之)遭受着诋毁、逸言、羞辱、讥笑和奚落。甚至是自己的弟子们,也开始怀疑孔子的思想是否能为世所用。面对困顿,孔子始终不渝地追求着"道",在人生最黑暗的时刻,一如既往地秉承"知其不可为而为之"的信念,孤独但义无反顾地前行。

---

[1] 据考证,孔子周游列国期间,事实上并没有拜见过那么多国君。孔子去过的国家,主要是卫国、曹国、宋国、郑国、陈国、蔡国和楚国等七个国家。

"夫子逐于鲁，削迹于卫，伐树于宋，穷于陈、蔡。杀夫子者无罪，藉夫子者不禁。夫子弦歌鼓舞，未尝绝音。"每次读到《吕氏春秋》的这段话，我都满含热泪。这是一段多么艰难的旅程啊，这是一段多么"失败"的人生啊。但对孔子和弟子们来说，这是一次价值连城的人生磨砺；对中华民族思想文化史来说，这更是一次影响深远的文化苦旅。

《吕氏春秋》的这段话，其实是子路对师弟子贡的抱怨之词，虽然言语之间对孔子有些不满，但准确地描写了孔子在外求职的遭遇：他被赶出鲁国；在卫国无事可干，几次离开；在宋国的一棵树下习礼，被人把树砍了，差一点丢掉性命；在陈国和蔡国之间被围困，差一点饿死。想杀他的人不会有罪；囚禁他的人也不会被抓起来。而孔子，依然坚持弹琴唱歌，从未停止过。

人生的挫折并不全是坏事，挫折是一所最好的大学，它是我们成长进步的必由之路。孔子说，"三军可夺帅也，匹夫不可夺志也"[1]，意思是，"军队的将领可以被改变，但男子汉的志气却不可改变"。孔子甚至认为，能被挫折打击甚至折磨是一种幸运，他是个幸运儿，和他一起出生入死的弟子们也是幸运儿。"二三子从丘者，皆幸人也。吾闻人君不困不成王，列士不困不成行"[2]。孔子说，"和我一起的弟子

---

[1] 见《论语·子罕》。此处采取译意。
[2] 见《说苑杂言》。

们都是幸运的,因为不管是国君还是君子,都是历经磨难才能成功的"。因此,孔子对十四年的颠沛流离,对人生的艰难困苦,毫不在意。他自豪地说,"丘,东西南北之人也!"

孔子的"庶富教"的思想

鲁国待不下去了,孔子只好带着弟子们离开鲁国。到哪儿去?孔子选择去卫国。首先,卫国和鲁国是兄弟之邦,当年周公建立了鲁国,他弟弟建立了卫国。其次,卫国比较发达,政局相对平静。第三,卫国有几个孔子神交已久的贤人君子,如蘧(qú)伯玉、史鱼等,也许在那里,可以获得他们的帮助。第四,也是最重要的原因,子路在卫国有很重要的"海外关系",子路儿子的舅舅颜仇由,已在卫国做官。子路儿子的姨夫弥子瑕,是卫灵公最宠爱的大臣。孔子去卫国,可以通过这些人脉关系,找到卫灵公,"东边不亮西边亮",或许能在卫国实现自己的理想。

冉有驾着牛车,孔子坐在车上,弟子们在车下跟随。孔子看到卫国繁荣发达,不禁感叹卫国人口众多。冉有是个胸怀大志的人,听到老师的话,他没有随声附和说"是啊,人真多呀",而是不失时机地向老师请教,人多了,接下来应该怎么办?孔子说,应该让他们都富裕起来。冉有再问富裕

起来之后呢？孔子说，要教育他们。[1]

这段话，蕴含着两条信息。一是孔子不是固定在一个地方讲课，而是随时随地教给学生知识。二是体现了孔子的政治思想。孔子认为，治理一个国家，首先要有丰富的劳动力，然后发展经济，经济繁荣富强了，就要让老百姓接受更好的教育。与孔子几乎同时代的管仲也曾经提出，"仓廪实则知礼节，衣食足则知荣辱"。意思是，"粮仓充足才能知道礼仪，丰衣足食才会知晓荣誉和耻辱"。而孔子的"庶富教"思想，则是更加系统的施政纲领。

卫灵公的"无间道"

孔子到了卫国后，住在子路的亲戚颜仇由家，通过各路关系，拜见了卫灵公。卫灵公很尊重孔子，按照孔子在鲁国的级别，给孔子六万斛（hú）俸粟。据说相当于十吨小米，足够孔子和弟子们衣食无忧了。

---

[1] 见《论语·子路》。子适卫，冉有仆。子曰："庶矣哉！"冉有曰："既庶矣，又何加焉？"曰："富之。"曰："既富矣，又何加焉？"曰："教之。"

译文：孔子到卫国去，冉有为他驾车。孔子说："人口真多呀！"冉有说："人口已经够多了，还要再做什么呢？"孔子说："使他们富起来。"冉有说："富了以后又还要做些什么？"孔子说："对他们进行教化。"

第八章
十四年熬成"面霸"

　　孔子显然不是来"要饭"的，他希望在卫国能获得从政的机会，从而实现自己"仁政"与"德治"的理想。但卫灵公空有尊贤之名，而无用贤之实。就像"好龙"的叶公一样，卫灵公要的不是孔子这条"龙"，而是礼贤下士的"名"。

　　卫灵公年纪大了，已失去了治国理政的斗志，他想好好享受余下的岁月。他有个美艳动人的夫人叫南子，还有个长得很帅的"好朋友"宠臣弥子瑕。这三个人整天嬉戏玩乐，没有空闲的时间去工作。所以，孔子在卫国就是"花瓶"，主要作用是彰显卫灵公尊重贤人的美名。

　　孔子在卫国无事可干，只能与一帮志同道合的朋友喝酒聊天，顺便谈谈国事，发发牢骚。很快，孔子的言论引起了一些人的不满，他们在卫灵公面前诋毁孔子，说孔子整天和一帮自以为贤人君子的大臣们混在一起，鬼鬼祟祟，恐怕有不可告人的秘密，说不定是鲁国派来的"卧底"。卫灵公一听就信以为真，原来孔子在和我玩"无间道"啊。于是，派了个叫公孙余假的人，以服侍孔子为名，其实是监视孔子。公孙余假是个敬业认真的人，但做"卧底"的业务素质很差劲，估计除了孔子上厕所他不好意思偷窥之外，其余时间像个"牛皮糖"似的，把孔子看得很紧。简直不是个"特务"，反倒像个看守所的警察，搞得孔子很难受。

　　孔子有个特点，就是一感觉不爽，就要走人，头也不回谁都不商量。当年阳货刺激了孔子，他转身就走；后来齐国

用"美人计"刺激了孔子,他转身就走。现在,卫国竟然派人监视自己,孔子一生气,带着弟子,转身就走。用现在的话就是,孔子决心来一场"说走就走的旅行"。

长得像阳货是一种罪过

孔子带着弟子们离开卫国,准备到陈国去。他新收了一个叫公良孺的陈国贵族子弟,此人排场很大,自己带了五辆马车来投奔孔子。本来孔子的车子很简陋,也就是老牛拉破车,公良孺的到来,一下子提高了孔子车队的品位,扩大了规模。也许是在公良孺的影响下,孔子才决定去陈国。

在去卫国的时候,替孔子驾车的是冉有,这显然是个勤学好问的同学,他的问题,还启发了孔子著名"庶富教"思想的形成。而这次司机是喜欢吹牛的颜刻。颜刻驾着车经过一个叫匡的地方时,用鞭指着匡的城门,自豪地说,我当年就是从这里攻进去的。哪想到被路边的匡人听见了,匡人以为侵略者阳货又回来了,因为孔子的长相有点像阳货——人生总是充满了讽刺意味——孔子的长相本来就很怪,这么怪的长相,阳货偏偏要长成孔子那样。看来,阳货显然是要和孔子一辈子过不去了。颜刻的这个事情告诉我们,不要随便吹牛,搞不好有性命之忧。

匡人把孔子一行都围了起来,好几天过去了,还没有放

第八章
十四年熬成"面霸"

人的意思。以子路的脾气,如果没有孔子阻止,早就和匡人血溅当场了。但孔子却像个艺术家,安静地弹起琴唱起歌来。这说明,孔子有着"泰山崩于前而不变色"的冷静,这就是"君子之色"。弟子司马牛曾经请教什么是君子,孔子说,君子不忧愁,不畏惧。司马牛没有明白,继续问,难道这样就是君子了吗?孔子说,自我反省而内心无愧的话,哪里还有什么可忧愁、什么畏惧的呢?[1] 用句俗话就是"为人不做亏心事,半夜不怕鬼敲门"。

孔子"仁政"理想代表着人间正义,所以在遭到拘留时,他根本就不害怕,还照样弹琴唱歌。子路是个急性子,跑过来质问孔子,情况紧急,老师还有心思弹琴唱歌,你倒是想个办法呀。孔子告诉子路:"君子能仁于人,不能使人仁于我;君子能义于人,不能使人义于我。匡人之围,非丘之罪也,丘不能使己不围也,然而匡人可围者丘之形骸也。"[2] 意思是,"君子要对别人施行仁道,并不指望别人也对我施行仁道;君子对别人讲义气,并不指望别人也对我讲义气。匡人围住了我们,不是我孔子的过错,他们能围住的,只是我孔子的身体而已"。

他还安慰弟子们说:"文王既没,文不在兹乎?天之将

---

[1] 见《论语·颜渊》。司马牛问君子。子曰:"君子不忧不惧。"曰:"不忧不惧,斯谓之君子已乎?"子曰:"内省不疚,夫何忧何惧?"
[2] 见《无能子》。

丧斯文也,后死者不得与于斯文也;天之未丧斯文也,匡人其如予何?"[1] 意思是,"周文王死了以后,周代的礼乐文化不都体现在我身上吗?上天如果想消灭这种文化,那我就不可能掌握这种文化了;上天如果不想消灭这种文化,那么匡人又能把我怎么样呢?"

这段话表明,孔子具有高度的文化自信。他认为,自己肩负了传承文化的重任。他是一粒火种,要把文化的火把传承下去。既然上天不会让中国文化灭亡,那么自己就不会死。

嘹亮的歌声和悠扬的琴声,鼓舞了弟子们的斗志,也感染了匡人。匡人想阳货那厮本是个凶狠无比的恶人,哪里会有如此高雅的品位?肯定是搞错了,于是就把孔子一行放掉了。这个故事告诉我们,关键时刻的镇定和多会一门手艺是多么的重要。

就像任贤齐唱的那样,"一波还未平息,一波又来侵袭",孔子一行刚离开匡地,到了蒲地,又被人围住了。原来蒲地一个贵族反叛了卫灵公,害怕孔子回去报信,就把他们都抓起来。这时,那个带来五辆车马的公良孺,带人同蒲人打了起来。双方势均力敌僵持不下,最后决定谈判,孔子假装答应不回卫国。

一脱离险境,孔子就命令马上向卫国国都帝丘前进。子

---

[1] 见《论语·子罕》。

贡不解地问,和约上不是规定不能去卫国吗?孔子说,那是在被要挟的情况下签订的,神是不会信的。言下之意是,所谓的外交辞令都是一些骗人的鬼话。由此可见,孔子是个相当灵活的人,他身上既有"知其不可为而为之"的决绝,又有"无可无不可"的灵活,他绝不会死守诚信的教条,而让自己置于危险境地。

其实,孔子不赞成"头撞南墙终不悔"的"一根筋"。在《论语》中,有一个特别直爽守信的人,叫微生高。孔子曾经批评过他,说"孰谓微生高直?或乞醯(xī)焉,乞诸其邻而与之"[1]。意思是,"谁说微生高这个人直爽呀?有人向他讨点醋,他不明说自己没有,却到邻居家去要了点醋给人"。微生高和一个姑娘相约在桥下见面,结果姑娘没来,洪水来了。直爽守信的微生高先生不肯爽约,就抱着桥下的柱子,直到洪水淹没了他的头顶,姑娘也没有来。

孔子不肯"走后门"

其实孔子并不愿意回到卫国,但他必须回去。因为,孔子一贯强调"忠君尊王",不管这个"君"是好人还是坏蛋,是聪明人还是糊涂蛋。纵然卫灵公是个糊涂蛋,但是现在有

---

[1] 见《论语·公冶长》。

人叛乱,这绝对是大逆不道,孔子不能容忍,所以他要回来。卫灵公听说孔子回来了,很高兴,亲自到城外去迎接他,这让孔子重新燃起了希望。

孔子这次住在老朋友蘧伯玉家。卫国有两个人,孔子特别欣赏,一个是史鱼,另一个就是蘧伯玉。孔子曾经说,"直哉史鱼!邦有道,如矢;邦无道,如矢。君子哉蘧伯玉!邦有道,则仕;邦无道,则可卷而怀之"[1]。孔子感叹道,"真是个正直的人啊,史鱼!国家政治清明时他像箭一样直;国家政治黑暗时,他也像箭一样直。真是个君子啊,蘧伯玉!国家政治清明就出来做官;政治黑暗就把自己的才能掩藏起来"。可见,史鱼是个八匹马也拉不回的正直人,而蘧伯玉则是个很善于"混社会"的聪明人,他"达则兼济天下,穷则独善其身"的处世之道,很受孔子的欣赏。因为孔子也说过,"天下有道则见,无道则隐",这和蘧伯玉的处世之道有异曲同工之妙。

孔子曾经夸弟子颜回,"不迁怒,不贰过"[2],说他从来不迁怒于别人,不在同一个地方跌倒两次,而蘧伯玉比颜回还牛,据说他到五十岁的时候,能知道四十九岁之前都是

---

[1] 见《论语·卫灵公》。
[2] 见《论语·雍也》哀公问:"弟子孰为好学?"孔子对曰:"有颜回者好学,不迁怒,不贰过。不幸短命死矣,今也则亡。"
译文:鲁哀公问孔子说:"你的弟子之中谁最好学?孔子回答说:"颜回好学,不迁怒于人,不重复自己的过错,可惜死了。"

错的。所以，五十岁又叫"知非之年"。由此可知，蘧伯玉先生是个非常善于反省自己的人。

孔子在蘧伯玉家住了三年。但卫灵公还是把孔子晾在一边，看来孔子要得到卫灵公的重视，得走走关系了。

有一天，王孙贾问孔子："与其媚于奥，宁媚于灶。何谓也？"孔子说："不然。获罪于天，无所祷也。"[1] 这是一段意味深长的"哑谜"。王孙贾故意问孔子："俗话说，与其讨好奥神，还不如讨好灶神，这是啥意思？"孔子答道："不是这样的，要是你得罪了上天，讨好哪个神都没有用。"

在古人的观念里，"奥"是位于房屋西南角的神，是主管家庭的"家神"，而"灶"是主管厨房的"灶神"。厨房是家的一部分，所以"奥"是"灶"的领导。但"民以食为天"，人们往往更加现实，更加尊重"灶神"。江苏省昆山市有一种著名的美食，是中国十大名面之一的"奥灶面"，有很悠久的历史。不知道是不是古代昆山人送给"奥神"与"灶神"的祭品呢？

王孙贾的意思是，"县官不如现管"，要想得到卫灵公的重视，得先走南子和弥子瑕的路子，但孔子的意思是，管你是"奥神"还是"灶神"，有本事我就是大神！根本不屑这些"走后门跑关系"的行为。

---

[1] 见《论语·八佾》。

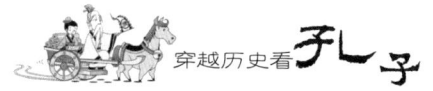

孔子的"绯闻"

卫灵公懒得见孔子，但夫人南子却很想见见孔子。南子是宋国人，按理说是孔子的老乡。她是宋国的"国花"，长得倾国倾城。年轻时和宋国公子宋朝，谈了一场惊心动魄的恋爱。宋朝是大帅哥，其帅不在宋文公和齐景公之下。孔子曾经感慨地说，"不有祝鮀（tuó）之佞而有宋朝之美，难乎免于今之世矣"！[1] 意思是，"你要没有祝鮀的能言善辩，也没有宋朝的风流潇洒，在这个世界上混，很难啊"！可见宋朝是个国际知名的大帅哥。

后来南子嫁给了卫灵公，但她与前任宋朝的恋爱经历给她留下了不好的名声。南子一心想见孔子这个国际知名学者，派人来下了请帖。孔子曾经在和老婆吵架的时候，说了一句气话，"唯女子与小人难养也"（此处纯属玩笑，但说不定是真的呢），从此不喜欢和女孩子打交道。但孔子又是个讲"礼"的人，南子虽然名声不好，但人家是国君夫人，又亲自下了请帖，所以孔子就去了。

南子坐在重重帷帐之中接见了孔子。他们互相行礼，孔子没看见南子是怎么行礼的，只听到南子身上佩戴的玉饰发

---

[1] 见《论语·雍也》。

出悦耳的碰撞声。孔子对这次拜见比较满意,他认为南子是个懂礼之人,就兴冲冲地将经过告诉了学生们。

"刺头"子路立马站起来指责老师,怎么能去见南子呢?难道不怕辱没了名声吗?性格耿直的子路想必说出了"谁知道你们都干了些什么"之类的混账话。孔子为了证明自己的清白,指着天发誓说,若是我做错了事,让老天来惩罚我!孔子的神态,像个天真的孩子。

有一天,卫灵公邀请孔子出去走走。卫灵公和南子坐在第一辆车上,由太监雍渠驾车,而让孔子坐在第二辆车上,声势浩荡地招摇过市。

卫灵公觉得这是倍有面子的"显摆",孔子认为这是大失颜面的"游街"。所以,孔子一生气,又走了!

孔子的"暗示"

孔子带着弟子离开了卫国,打算去晋国。晋国是春秋时期的大国,在卫国的西部,与卫国隔着浩荡的黄河。当他们一行站在黄河边上准备渡河时,孔子接到了一个不幸的消息。晋国的执政赵简子杀了两个贤明之臣。孔子历来以贤者自居,听说两个贤臣被杀,不禁"心有戚戚焉"。孔子认为,要是真的去了晋国,自己的未来就是那两位贤臣的现在,于是站在黄河边上感慨万端,壮哉黄河,今天我不能渡河赴晋,大

概是天意吧。于是，孔子带领弟子们重新回到了卫国。

卫国和晋国正在闹外交纠纷呢。原来，卫灵公的儿子蒯聩（kuǎi kuì）一心想杀掉母亲南子，最后不仅没能杀掉，反而事情败露，只好逃走。蒯聩先是逃到宋国，后来又跑到晋国"政治避难"。卫灵公对晋国心存敌意，听说孔子想到晋国去，很不高兴。他知道孔子的政治理想是推行"仁政"，反对战争，于是就"哪壶不开提哪壶"，专门向孔子请教战争的事，孔子估计他想要发兵讨伐晋国，把不孝儿子捉回来，认为很不妥，和晋国斗，那是鸡蛋碰石头，再说父子相争，"一点风度都没有"。于是就说礼仪的事情我是知道的，但是行军打仗的知识，我还没学过。卫灵公很生气，从此更加冷落了孔子。

有一次，孔子前来拜见，卫灵公看都不看孔子一眼，而是专心致志地看着天上的飞鸟。孔子很着急，"暗示"卫灵公说，"苟有用我者，期月而已可也，三年有成"[1]，意思是，"如果有人用我治理国家，一年便可以搞出个样子，三年就一定会有成效"。但是卫灵公忙着"看鸟"，没空关心这个。

---

[1] 见《论语·子路》。也许孔子不是在此时说这个话，为了行文需要，请读者明辨。

第八章
十四年熬成"面霸"

卫国父子"互殴"

卫灵公专心致志地观看飞鸟不久,就死了。南子立儿子郢(yǐng)为君,但郢觉得这个时候当国君,显然是引火上身,不愿意当,把君位让给了前太子蒯聩的儿子辄(zhé)。辄登上君位,叫卫出公。

在晋国的蒯聩很生气,自己是正牌太子,又是辄的老爸,怎么也轮不到那个小子啊,于是表示严重不服。晋国也支持他回国去把君位抢回来,于是派从鲁国逃过来的阳货,带着蒯聩假装回国奔丧,回来抢夺王位。他的儿子辄也不是个"善茬",就派兵阻挡。一场争夺王位的父子大战就此开始。和现代战争一样,这是大国之间的"代理人战争"。当时,晋国支持前太子蒯聩,齐国支持现国君卫出公,双方各出重兵,卫国就像是"一战"之前的"萨拉热窝",笼罩着战争的阴云。

卫国的王位之争愈演愈烈,孔子应该站在哪一边呢?大家推荐能说会道的子贡去问孔子。子贡是外交奇才,他知道有些话不能直说,而是绕着圈子比较合适。他问老师,伯夷、叔齐是什么样的人?孔子说,他们是古代的贤人啊!子贡又问,那他们为自己的行为后悔吗?孔子说,他们追求仁德,

又实现了仁德,他们为什么要后悔怨恨呢?¹

伯夷、叔齐是古代孤竹国国君的两个儿子。父亲死后,这两兄弟大概觉得做国君跟坐牢差不多难受,谁都不愿意做,就手牵手跑到首阳山中,做了隐士。后来周朝灭了孤竹国,兄弟俩还有高尚的爱国情结,以吃周朝的粮食为耻,只能在首阳山吃草,最后双双饿死在山中。孔子的意思很明白,虽然不至于让蒯聩和儿子辄双双饿死,但也不能为了王位撕破脸皮而兵戎相见吧。所以孔子谁也不支持。

卫国的政局就像是一句著名的诗,"黑云压城城欲摧,山雨欲来风满楼",政治很不安宁。按照孔子"危邦不入,乱邦不居"的原则,孔子又要走了!

中国文化的两个"守门人"

心情极其不爽的孔子离开了卫国,他还是想到陈国去。

---

1 见《论语·述而》。冉有曰:"夫子为卫君乎?"子贡曰:"诺,吾将问之。"入,曰:"伯夷、叔齐何人也?"曰:"古之贤人也。"曰:"怨乎?"曰:"求仁而得仁,又何怨?"出,曰:"夫子不为也。"

译文:冉有(问子贡)说:"老师会帮助卫国的国君吗?"子贡说:"嗯,我去问他。"于是就进去问孔子:"伯夷、叔齐是什么样的人呢?"(孔子)说:"古代的贤人。"(子贡)又问:"他们有怨恨吗?"(孔子)说:"他们求仁而得到了仁,为什么又怨恨呢?"(子贡)出来(对冉有)说:"老师不会帮助卫君。"

第八章
十四年熬成"面霸"

他们路过曹国,曹国人以"公务繁忙、没带介绍信"之类的理由搪塞过去,不接待。孔子又往宋国走。到了卫国与宋国边界,有个叫"仪"的地方长官——《论语》上叫"仪封人"的人说,"此山是我开,此树是我栽,要打此路过,留下孔子来"。别误会,"仪封人"不是要"打劫",而是想见见孔子。

见了孔子之后,"仪封人"出来告诉孔子的弟子们,"朋友们,别灰心也不要沮丧,天下混乱都这么久了,看来老天爷要派孔子出来管管了"[1]。一句话,让孔子和弟子们"满血复活",重新燃起了前行的力量。孔子与"仪封人"谈了什么,历史没有记载,否则孔子与他的见面,也会和老子一样,留下一段历史佳话。

老子是春秋时期著名思想家,做过孔子的老师,是个比孔子还猛的"牛人",当时做周朝国家图书馆馆长。他看到周王朝越来越衰败,就给周天子写了封辞职信,"世界那么

---

[1] 见《论语·八佾》。仪封人请见,曰"君子之至于斯也,吾未尝不得见也。"从者见之。出曰:"二三子何患于丧乎？天下之无道也久矣,天将以夫子为木铎。"

译文:仪封人请求把自己引见给孔子,说:"凡品德高尚的人到了这里,我还从来没有不拜见的。"随行孔子的学生把他引见给孔子。仪封人出来之后说:"诸位何必为孔子丧失官位担忧呢？天下没有德政已经很久了,上天将借他来宣扬大道。"本书采取意译。

大,我想去看看",骑着青牛离开故土,准备出函谷关去过闲云野鹤的生活。把守函谷关的长官尹喜是老子的"粉丝",听说他要出关,有可能再也不回来了,就想设法留住老子。于是尹喜对老子说,"先生想出关也可以,但得留下一部著作"。老子没有办法,就在函谷关住下来加班写稿子。几天后,他交给尹喜一篇五千字左右的著作,然后就骑着大青牛飘然而去。据说这篇著作就是《道德经》。

尹喜强迫老子写下《道德经》;"仪封人"给孔子以准确的历史定位,并给了他们以前进的力量。我们应该感谢这些守门人,他们目光如炬,他们尊重知识,为中国文化做出了巨大贡献。

孔子也骂人

孔子和弟子一行进入了宋国。孔子的老祖宗是宋国的开创者,妻子也是宋国人。按理说,这次到宋国,孔子虽然不是"衣锦还乡",但起码也能得到热情的接待。但他这些远房的同族们,显然不给孔子面子,不仅不接待,反而差一点杀了他,这源于孔子一次骂人的行为。

孔子是文质彬彬的君子,后来更被尊为"圣人"和"至圣先师",但真实的孔子是个血性男儿,对看不惯的事情,也要痛骂一顿。

第八章
十四年熬成"面霸"

在《论语》中，记载了好几次孔子骂人的故事。骂得最多的人是子路。对子路，孔子是一三五小骂，二四六大骂，周日不休痛骂。用明代思想家李贽的话说就是，"先生每于子路下毒手"。被骂得最惨的人是宰予。孔子勤奋好学，绝不能容忍有人大白天睡觉，上课打瞌睡，而宰予上课睡觉，恰恰被孔子抓了个正着。孔子骂他"朽木不可雕也，粪土之墙不可污也"[1]，把他比喻成没办法雕刻的朽木、没办法粉刷的用垃圾做的墙，严重打击了宰予的积极性，搞得宰予恨不得"宰了自己"。还好他是个神经大条的人，才没有得"抑郁症"。

孔子还骂过他的小学同学原壤，骂了还不解气，还拿手杖狠狠地打了同学的小腿。骂他"幼而不逊悌，长而无述焉，老而不死，是为贼"。[2] 意思是，"你这个家伙，从小不孝顺

---

[1] 见《论语·公冶长》。宰予昼寝。子曰："朽木不可雕也，粪土之墙不可杇也！于予与何诛？"子曰："始吾于人也，听其言而信其行；今吾于人也，听其言而观其行。于予与改是。"

译文：宰予大白天睡觉。孔子说："腐烂的木头不堪雕刻。粪土的墙面不堪涂抹！对于宰予这样的人，还有什么好责备的呢？"又说："起初我对于人，听了他说的话就相信他的行为；如今我对于人，听了他说的话却还要观察他的行为。这是由于宰予的事而改变的。"

[2] 见《论语·宪问》。原壤似应为有道家思想倾向的人，是否为孔子的同学，存疑。文中说原壤是孔子的小学同学，有虚构的成分。但从《论语》的记载可知，孔子与原壤的关系亲密。

父母不尊敬兄长,长大了又一事无成,老了还不死,真是个害人虫"。这是对他亲近的人,要是不认识的人,那骂的更为惨烈。孔子是个温情脉脉的人道主义者,他对有些做官的死了之后,还要用土偶或木偶陪葬的行为深恶痛绝,孔子骂道:"始作俑者,其无后乎!"咒骂首先发明了"俑"的那些人断子绝孙。这些骂人的行为都没有引起严重后果,但他骂宋国贵族司马桓魋的那一次,却差一点引来杀身之祸。

司马桓魋是宋国贵族。他曾经让工匠给他打造石棺,耗费了大量人力物力,三年都没有完工,工匠们都累病了。孔子听说后,就诅咒司马桓魋还不如早点死了,免得祸害百姓。司马桓魋很恼火,听说孔子一行到了宋国,决定报复孔子。当时孔子正带着弟子们在一棵大树下练习礼仪,司马桓魋的人到了,就像《水浒传》里"鲁智深倒拔垂杨柳"一样,如狼似虎的兵士们把树给砍倒了,并威胁要杀掉孔子他们。

孔子还是保持了一贯的镇定和冷静,他怀着高度的自信,告诉弟子们,"天生德于予,桓魋其如予何"。意思是,"上天赋予了我美好的道德和使命,他桓魋又能把我怎么样?"虽然是高度的自信,但毕竟"好汉不吃眼前亏",孔子带着弟子们一路狂奔,逃离了险境,为了防止司马桓魋再次报复,孔子他们化了装,逃之夭夭。

第八章
十四年熬成"面霸"

"丧家狗"的幽默

孔子和弟子们化装"分散突围",往郑国去。看来金庸小说中神乎其神的"易容术",早在春秋时期就有了。可能孔子的"易容术"太过高明,弟子们谁也没看到他到底去哪里了——孔子和弟子们走散了。

孔子独自站在郑国外城的东门,眼前一个弟子也没有,情况很糟糕,心情很着急。子贡到处找孔子,这时有个郑国"保安"告诉他,"东门有个人,额头像唐尧,脖子像皋陶,肩像子产,腰以下比夏禹差三寸,疲惫不堪的样子,就像一条找不到家的狗"。子贡一听就知道是老师,因为孔子长得实在很有"立体感"。终于找到了老师,子贡告诉了孔子郑国人说的话,孔子笑着说,"他说的形状,那倒未必。但说我像条狗,神似!神似!"

这就是一个伟人的境界,他们在和风霁月时平静而不嚣张,在凄风冷雨时镇定而不慌张。孔子能在如此艰难的环境下,保持一贯的自信和幽默,可见他的神经很"大条"。

孔子经历了劫难,他的心反而安静下来,他知道要实现自己的"道",并不容易,需要经历更大的风雨,付出更艰苦卓绝的努力。他仿佛听到了两百年以后楚国诗人屈原的高歌,"路漫漫其修远兮,吾将上下而求索"。"前途是光明的,道路是曲折的",想到此,孔子会心一笑。"我就是一条惶

惶然的丧家狗啊！"孔子用自嘲的方式，狠狠幽了自己一默。

孔子终于到了陈国，寄居在司城贞子家。陈国是个小国，它的东方是吴国，南方是楚国。这两个国家是春秋时期最强大的国家之一。吴国国君夫差刚刚打败越王勾践，正意气风发，而越王勾践此时正在越国的牛棚里"卧薪尝胆"呢。也许这个时候，绝色美女西施还没有和吴王夫差见面，夫差还没有陷入一场预谋已久的"爱情"里，有时间治理国政，所以吴国有事没事就想欺负下陈国。

南方的楚国实力更加强大，看不得吴国这么欺负人，就想拉拢陈国。陈国夹在两个大国之间，日子过得很艰难。而陈国国君陈湣（mǐn）公又是个平庸无能的人，和卫灵公一样，也把孔子看成是可有可无之人，只是把他当成送上门来的"百度"，有事就问问孔子——因为孔子实在是个博学的人。

春秋时期的"百度"

有一天，有只鹰被射落在陈湣公的庭院中死去，箭头是石制的，箭长一尺八寸。陈湣公派人询问孔子。孔子说，"这是肃慎国的箭。周武王一统天下时，各国进贡礼物，肃慎国进贡了这种箭。周天子觉得这个箭不错，就赏赐给了陈国。假如贵国博物馆保存完好的话，估计还可以找到。"陈湣公

第八章
十四年熬成"面霸"

立刻派人去找，果然在仓库中找到了这种箭。陈湣公对孔子崇拜得五体投地，有事没事就来问问孔子，就像我们现在去问"百度"一样。但估计陈湣公也就是把孔子当成了考古专家而已，对于国事，陈湣公不感兴趣。

孔子确实是个博学多才的人，不愧是春秋时期的"百度"。《国语》中曾经记载了季桓子专门考验他的故事。季桓子挖井，挖到一个像瓦罐的东西，里面有一只形状像羊的动物，就派人去请教孔子。但他还留了一手，让人故意说挖到了一只狗。孔子说，按照我的经验，你们挖到的应该是一只羊。因为，我听说，山中的怪物叫夔（kuí），水中的怪物叫龙，而土中的怪物叫坟羊。

齐景公铸了一口大钟，将它悬挂在朝堂。这时，孔子、晏子和伯常骞（qiān）三个有学问的人朝见齐景公，这三人没有称赞齐景公的钟多么巍峨雄伟，而是异口同声地说，这口钟要坏掉。齐景公不信，找人来撞钟，果然坏掉了。齐景公让三个人说明原因。晏子说，你铸这口钟，违背了礼仪，所以要坏掉；伯常骞说，今天要打雷，是雷把这口钟毁掉的；而孔子说，这口钟太大了，而它上部又是那么薄，空气往上冲，所以要毁掉。从三个人的回答来看，孔子的话有一定的科学道理。估计是孔子看到了这口钟的铸造工艺有问题，要么是质量不过关。总之，孔子是个非常博学的人，是春秋时期的"不倒问"。

孔子在陈国住了三年，无所事事，心情相当郁闷。这时，晋国和楚国争做江湖老大，专拣软柿子捏，轮番攻打陈国。吴国不服气，也想做老大，也来"捏捏"陈国这个"软柿子"。陈国就像自助餐厅里最受欢迎的牛排或海鲜，谁都想来吃两口，陈国陷入了四面楚歌的境地。

孔子在陈国不仅无事可干，人身安全反而受到影响，按照孔子"危邦不入，乱邦不居"的原则，孔子又要走了！

被围于陈蔡

朝思暮想的陈国也不过如此，孔子决定到南方的楚国去。

楚国是春秋时期著名的大国，早期是南方荒蛮之地的一个方圆五十里的小国，经过数百年的发展，成为强大的国家。在孔子那个时代，楚国的国君是楚昭王。"昭"是他的谥号。"昭"在古文中有明亮、明白事理的意思。我们阅读历史，可以从君王的谥号中，大致得出一个初步的印象。看来，楚昭王是个明白事理的人，历史上的评价还不错。

孔子对他的印象也挺好，孔子曾经说，"楚昭王知大道矣。其不失国也，宜哉！"意思是，"楚昭王明白治国理政的大道理，没有失去国家，反而把国家治理得很好，是个很不错的人！"

吴国称霸后，吴王夫差自信心爆棚，到处发动战争。公元前 489 年，吴国大兵压境进攻陈国，作为一个"负责任的地区大国"，楚国无法容忍吴国到处欺负小国，楚昭王亲自率领军队，驻扎在陈国的东北部，阻挡吴国的进攻。

孔子一行从陈国出发到楚国去，中间要经过蔡国。而蔡国正处于吴国和楚国交战的中间地带。有一次，孔子被一伙乱兵包围了七天七夜，带的粮食全部吃光。弟子们又累又饿，好多人都病倒了。但是孔子保持了一贯的冷静与镇定，照常进行教学活动，而且课程表排得很满，既要弹琴唱歌，又要练习礼仪，每天正常上课，也不放几天假，让学生们休息。

一堂影响深远的"班会课"

被围几天了，粮食都吃光了。性急的子路忍不住了，面带怒色来见孔子，"君子亦有穷乎？"孔子回答说，"君子固穷，小人穷斯滥矣"[1]。子路抱怨说，"难道君子也有穷途末路的一天吗？"言外之意是，老师你整天教我们要施行仁义，但是怎么我们老是这么倒霉？看来子路的立场不是太坚定，有点怀疑老师的学说了。

孔子告诉子路，"有道德学问的人，处于穷途末路之时，仍然能够保持君子的节操；无道德学问的人，在穷途末路之

---

[1] 见《论语·卫灵公》。

时,就会胡作非为"。孔子补充说,"志士仁人,无求生以害仁,有杀身以成仁"[1]。意思是,"有志向的贤人君子,从来不为了保全生命而害人,只有以牺牲自己而成就正义事业的。"

估计副班长子路出去做同学工作去了。粮食不是万能的,但是没有粮食是万万不行的,饿肚子的弟子们还是紧张不安。孔子意识到问题的严重性,他决心召开一次班委会。

孔子先叫来了子路。孔子果然有君子之风,饿了七天七夜,已经"前心贴后背"了,但一开口就是一首诗。孔子说,古时候有一首诗是这样说的:

匪兕(sì)匪虎,率彼旷野?

翻译成现代诗歌就是:

既不是老虎,

也不是犀牛。

你却在旷野上徘徊,

到底是个什么原由?

在诗的后面,孔子加上了自己的原创:

吾道非耶?吾何为于此也!

翻译成现代诗歌是这样的:

难道我的"道"根本就是错?

为什么我们的日子这么难过!

---

[1] 见《论语·卫灵公》。

第八章
十四年熬成"面霸"

子路是个急性子,也是有话就说的"直肠子"。子路说,"或许是我们仁德还不够好,人们还不信任我们;或许是我们的智慧还不够高,人们才不实行我们的主张"。从这段话可以看出,即使对现状有些不满,子路还是坚信老师的主张的,也就是发一点牢骚而已。

孔子语重心长地教导子路说,"小由啊(由是子路的名字),要是有仁德的人都能够让人相信,都能够有好结果,那么伯夷叔齐怎么会饿死呢;假如有智慧人的主张都能行得通,那么王子比干,怎么会被商纣王挖了心呢"。言外之意是,有仁德和有智慧的人,不一定能够得到好结果。但我们的道路没有错,不管前路多么艰险,我们都要义无反顾地走下去。

孔子说这话的时候,苏格拉底还没有出生,耶稣的诞生也要在几百年以后了。否则,孔子可以拿他们做例子。苏格拉底怀着崇高的使命感,整天在大街上和人辩论,教导青年,但最后被统治者以毒酒毒死;耶稣三十岁左右开始传道,最后却被统治者钉死在十字架上。他们为了人类正义的事业,勇敢地献出自己的生命。用孔子的标准,他们就是"杀身成仁"的"志士仁人"。

孔子又叫来了生活委员子贡,要他谈谈。

子贡说,"也许是老师的理想太高了,所以老师的主张不被人理解。建议老师把理想降低一点,好让人们能懂并能够施行"。子贡对孔子的主张是拥护的,但认为老师的理论

实在太"高端",是曲高和寡的"阳春白雪",而不是通俗易懂的"下里巴人"。

孔子对子贡的话不满意。满脸严肃地对子贡说,"小赐啊(赐是子贡的名字),一个好的庄稼人,勤勤恳恳劳作,不一定能有好收成;一个手艺精湛的工匠,做出的东西也不一定有人欣赏;一个志怀高远的君子的主张,不一定能被世人接受。而君子的道,并不强求别人一定接受的"。他批评子贡,不去提升自己的修养,反而要降低要求来让别人理解,子贡啊,你的追求怎么就这么LOW!

孔子最后把班长颜回叫来。颜回毕竟是班长,又是孔子最喜欢的大弟子,在孔子三千多名学生中,名列"七十二贤人"之首,他一般不说话,但一说话就不是一般人。

他说,老师您的道是博大精深前途远大的,恰恰是因为您的博大精深,才不被世人理解——这话太巧妙了!就相当于一个极度自恋的人说:"实在找不到可以崇拜的人,我只好去照镜子"一样。

颜回首先肯定孔子的"道"是"至大至远"的。但颜回不是让孔子"降格以求",而是请孔子"推而行之",很有些"坚持到底就是成功,风雨之后必见彩虹"的意思。孔子很高兴。颜回还有更高明的话,"别人不能容我们,有什么关系,正是别人不能容,才看得出我们的真功。没有好的主张,那是我们的耻辱;有了好主张而不能用,这是各国当权者的耻辱。"

孔子听了，觉得自己选颜回做班长，真是无比的明智。他高兴地说，"小颜，说的好啊。你以后要是有了钱，我给你当管家吧！"——毕竟孔子是做过会计的。[1] 孔子通过这一堂班会课，在班委会中统一了思想。无论前路多么艰险，无论理想多么遥远，他都要义无反顾死而后已！

孔子会见叶公

孔子虽然对子贡在班会课上的回答不满意，但还要依靠他的外交才能。于是他就派子贡突围，偷偷跑到楚昭王那里搬救兵。子贡效率很高，很快见到了楚昭王。我们可以打开脑洞，"脑补"一下子贡的说辞。他应该先盛赞自己老师才高八斗，哪个国家得到他，称霸中原指日可待；再说老师英雄无用武之地，现在"虎落平阳被犬欺"，各国君主有眼无珠，看来这世间只有楚昭王的水平和我老师差不多了。这叫贤臣思明主，凤凰栖梧桐。

楚昭王心花怒放，就像文物收藏爱好者碰到"捡漏"的良机，"扫货"的美女遇到奢侈品"打折"一样。既然是英雄惺惺相惜，那赶紧派人把孔子接回来。也就是楚昭王当时

---

[1] 本节所述内容，见《孔子家语》。原文较长，此处不引。

生了重病,否则要亲自去接孔子。

楚国派军队把饿得眼冒金星的孔子一行解救出来,送到一个叫负函的地方。此地长官是中国历史上鼎鼎大名的人,叫叶公。我们都学过"叶公好龙"的故事,据说叶公喜欢龙,龙听说了,风雨大作兴高采烈地来找他玩,结果叶公吓得抱头鼠窜。事实上,叶公是楚国的贵族,名叫沈诸梁。他驻守在一个叫"叶"的地方,所以人称叶公。"公"一般指爵位,春秋时期有"公侯伯子男"五种爵位。沈诸梁只是一个地方的长官,并不具有真正的"公"的爵位。春秋时期,楚国在新征服的地区设立县,它的管理者叫县公,所以,有叶公这个说法。

叶公接见了孔子,并向他请教了治理地方的问题。孔子惜字如金,六个字:"近者悦,远者来。"[1] 意思是,"要让本地人安居乐业,让外地人安家落户。"用现在的治理理念就是,对本地人和外地人一视同仁,创建和谐社会。叶公很佩服孔子。

孔子的"个人简历"

也许叶公担负着楚昭王交给他考察孔子的任务,叶公就

---

[1] 见《论语·子路》。

第八章
十四年熬成"面霸"

问子路,孔子是个什么样的人。很明显,暗示子路代孔子写一份个人简历交上来。子路虽然武功高强,但对写简历这种事很不在行,当场就交了白卷。

子路回来告诉了孔子,孔子有点不高兴。对子路说,"女奚不曰,其为人也,发愤忘食,乐以忘忧,不知老之将至云尔"[1]。意思是,"你怎么不说,我这个人发愤起来,连吃饭都忘记了;快乐的时候,不知道什么是忧愁;有人说我太老了,但我觉得自己还很年轻"。

这是孔子的自画像,准确而鲜明地描述了他的性格特点。学医出身的鲁迅先生曾经断言,孔子有严重的胃下垂,估计就是从这一段话得来的吧。因为孔子一学习起来就忘了吃饭,长此以往,不得胃溃疡也要得胃下垂。

孔子这一段话逻辑清楚,含义丰富,他想通过叶公向楚昭王传达三个信息。

第一,我是个勤勤恳恳兢兢业业的人,您要是用我,所有的政事都由我来干吧,什么脏活累活加班之类的事情,都不在话下,您就"垂拱而治"吧,楚国的繁荣昌盛指日可待啦!

第二,我是个乐观的人,意志坚定,抗压能力特别强,您平时要是批评我,我也不会在意,继续干好工作!

---

[1] 见《论语·述而》。

第三,虽然我看起来年纪很大,那都是多年来风餐露宿历经磨难惹的祸。其实我年纪并不大,还没有超过楚国招收公务员的最高年龄。我的精力充沛,你给我一个舞台,我还给楚国一个美好的未来!

请原谅我以凡人之心度圣人之腹。其实这段话,真正体现了孔子对理想的坚定不移,对未来的乐观精神。

梦想又成了泡影

楚昭王想重用孔子,"将以书社地七百里封孔子"。"书",指当时楚国专门记录居民名字的小册子。"里",古时候二十五家为一里,相当于现在的小自然村。每个"里"都要成立"社",相当于现在的居民委员会。楚昭王魄力很大,一出手就要封给孔子七百社大的地方,大概相当于一万五千家的规模,这在春秋时期是相当隆重的礼遇。要知道,齐国封给宰相晏子的也不过数百社;封给管仲才三百社。楚昭王这是把孔子当成宰相来看待了。

楚国的宰相是子西,是楚昭王的大哥。眼看着自己的位子就要被这个"外来和尚"抢走,就提醒楚昭王说:"我们楚国最初的封地也不过是五十社,你现在给孔子七百社,不是太多了吗?和我们的祖先一样,当初周文王和周武王也是从一个小地方发展起来的。孔子一心想恢复周礼,推行仁政,让他一旦

第八章
十四年熬成"面霸"

做大,那岂不是太危险了?"言外之意是,到时候不仅连我这个宰相都做不成,你国君的位子恐怕也要让孔子抢了去。

子西进一步发挥说,"大王的外交部长,有子贡水平高吗?国家总理比得上颜渊吗?国防部长比子路强吗?各省长官胜得过宰我吗?"楚昭王一听,汗都下来了。自己手下人全被孔子的学生比下去了,原来孔子是带着全部"内阁成员"来挖我的墙角的啊。

孔子的运气实在不好。齐景公本想封孔子一个地方,宰相晏子跳出来批评孔子的儒家有四种毛病,现在又跳出个子西。孔子的命运轨迹也许可以这样概括,好不容易遇到了一个"伯乐",但很不幸又遇到了一个"小人"。更不幸的是,"伯乐"楚昭王很快就死了,"小人"子西还活得很长——楚昭王死后,子西是不会重用孔子的。

孔子的"七百社"成了镜花水月,孔子在楚国做官的梦想也成了七彩泡泡。

"楚狂"接舆的歌声

孔子在各国流浪十多年,没遇上几个有道明君,唯一真正欣赏他的楚昭王,死得太不是时候。各国那些当权的人,不是嫉妒孔子的才能,就是害怕孔子夺了他们的位子。每次在孔子无限接近成功时,总会有人跳出来,像一根绊马索,

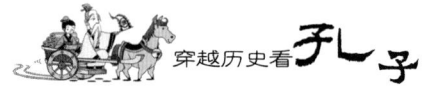

把孔子搞得人仰马翻。

孔子在楚国无事可干,和弟子们驾着车在大街上溜达。一个"狂人"接近孔子的车子,大声唱道:

凤兮凤兮,何德之衰?

往者不可谏,来者犹可追。

已而已而,今之从政者殆而。

让我们把它写成优美的现代诗:

凤凰啊,凤凰!

为何道德一天天沦丧?

往事如烟,

别去在意过去的时光。

像我一样,改弦更张,

未来还有希望。

算了吧,算了吧。

从政的道路前途渺茫。

这是个"狂人",没人知道他的名字,因为当时在孔子的车子旁唱歌,《论语》就把他叫"接舆"。接舆告诫孔子,以前做过的事情就算了,从现在起,应该像他一样避世而隐。但他觉得让孔子改变主意难度很大,所以在劝诫中暗含着讽刺意味。

孔子一听,楚国出高人啊,这是个隐士。想下车和他好好聊聊,但狂人接舆一溜烟消失在人群之中,给孔子留下了

第八章
十四年熬成"面霸"

一个狂放的背影。

隐士都是些"大牛"

"隐士",就是隐藏起来的"士"。而"士"必须是有知识、有追求的高级知识分子,就是"文化精英",要是大字不识的文盲住在山林里,那不是隐士,估计不是山民就是土匪。

隐士文化在中国源远流长,据说最早的隐士是尧舜禹时代的许由和巢父。这是两个"牛人",特别是许由,"牛"到尧帝到处找他,要把天下让给他。许由不仅"牛",估计还有"洁癖",听到尧帝"很庸俗"地让他当帝王的事,觉得耳朵被污染了,赶紧去水边洗耳朵。果然是隐士啊,一般人对领导的话都是洗耳恭听,许由是洗耳不听。另一个隐士叫巢父,听名字就能知道他家在哪里——他是住在树上的。巢父正牵着牛要到河边饮水,得知许由洗耳的原因之后,觉得尧帝污染了许由的耳朵,许由的耳朵又污染了小河,他赶紧把牛牵到上游去饮水。

还有一个故事,"松下问童子,言师采药去。只在此山中,云深不知处。"唐朝诗人贾岛去找隐士,一直找不到,问童子,童子也不知道隐士躲在哪个白云缥缈的地方晒太阳呢。

从许由的故事和贾岛的诗中,我们可以梳理出隐士的一些特点。

第一,隐士是身怀"高才"的人,所以又叫"高士"。他们必须是身怀绝技的世外高人。金庸小说中,武功最强的人往往都是隐士。独孤求败、风清扬、一灯大师等隐士,哪个不是江湖绝顶高手?而那些登上武林之巅的一代宗师,最后也告别江湖的刀光剑影。杨过创立了"黯然销魂掌",隐居了;张无忌将"九阳神功"等四大盖世武功融为一体,隐居了;令狐冲习得"吸星大法",谁不服就拿"吸星大法"去吸他,成了武林第一,隐居了。总之,隐士的第一个特点必须是最牛的人。

第二,隐士是藏起来不见人的。《三国演义》中,刘备三兄弟几次去找诸葛亮,两次都没有见到人,最后一次见到了,还得等他午休结束才能进去见面。这就是隐士的"范儿",要是一次就找到了,诸葛亮也没有"矜持"一下就跟刘备出山了,那简直丢了隐士的面子。隐士一般是生活在山林中,独享山水田园,要是一大帮人住在一起,那是度假村,而不是隐居处。

第三,真正的隐士不会出去当官。他们追求内心的和谐,世界如何,天下怎样,与他无关。

第四,隐士的行为和常人不一样,他们总有一些奇特的爱好和脾气。魏晋时代涌现了一大批隐士,他们大都有相同的爱好——"没事服药"和"长啸当歌"。倒不是说他们病了,他们其实是想长生不老坐地飞升,就服用"丹药",就像吸毒一样,整天把自己弄得神神叨叨的。"长啸"就是没事躲到树林里,气沉丹田鬼哭狼嚎。这是一个很好玩的群体,感兴趣的话,可以去读读《世说新语》,有你想不到的精彩。

孔子的性格坚强执拗,"知其不可为而为之",类似于"明知山有虎,偏向虎山行"的孤胆英雄,他是中国知识分子中积极用世的典范。

遭受挫折时,孔子也不免有退隐的思想。他说过,政治清明时,就出来做官;政治黑暗时,就躲起来做隐士。他很推崇伯夷叔齐等隐士,很欣赏弟子南宫适(kuò),说他"邦有道,不废;邦无道,免于刑戮"[1]。意思是南宫适这个人,国家有道时,有官做;国家无道时,他也能不被抓去坐牢或杀头。所以孔子亲自做媒,把侄女嫁给他。

隐士的"围追堵截"

一天,孔子和弟子们迷了路,找不到渡口,就让子路去问路。田里有两个正在耕作的农民,子路就去问他们。一个叫长沮的高个子问,那个驾车的人是谁?子路说是孔丘,长沮不仅没告诉渡口的方向,还狠狠地"损"了孔子,说他自己应该知道路。言外之意是,孔子东奔西走,就是要给世界

---

[1] 见《论语·公冶长》。

指明方向,那他就应该知道路在何方。另外一个长相凶恶的桀溺更加直接地说,天下都一样纷乱无道,你们跟谁一起去改变这种现状呢?你与其跟随孔丘那种避人的人,还不如跟随我们这些避世的人呢。显然是想"策反"子路,别再跟着孔子干了,跟着我们种地吧。

子路一头雾水一无所获,回来向老师说了。孔子听了怅然若失,叹息道,"人是不能与鸟兽生活在一起的,我不同这世上的人在一起,还同什么在一起呢?假若天下有道,我孔丘就不会来改变它了"[1]。

孔子在卫国时,心情苦闷,就敲起磬来。一位背着草筐的老农听到孔子击磬,说道,有心思,在说没有人了解自己啊!既然没有人了解,那就算了。诗经上说,"水深,就穿着衣服游过去;水浅,就撩起衣服趟过去"[2]。老农的话中有话,"识时务者为俊杰",孔子不能与时俱进,光在这里暗自神伤有什么用?孔子一听,这显然是个高人,自己就是"伯牙",老农就是"子期"啊,"相识满天下,知心能几人"?

---

[1] 见《论语·微子》。此段较长,原文不引。
[2] 见《论语·宪问》。子击磬于卫,有荷蒉而过孔氏之门者,曰:"有心哉,击磬乎!"既而曰:"鄙哉,硁硁乎!莫己知也,斯己而已矣。深则厉,浅则揭。"对"深则厉,浅则揭"的翻译,历代学者多有争论,我国著名先秦史专家赵世超先生认为,"厉"通"砺","意思是水深处就竖立砺石,让人踩着砺石跨过去,此新说似更有道理。本文采取杨伯峻先生的《论语译注》的译法。

想和他交朋友，但那老农背着筐子走远了。

十四年中，孔子遇到过形形色色的隐士。那些隐士们对孔子四处流浪、吃苦受累、遭人白眼的求职生涯很不理解，认为在这个"礼崩乐坏"的乱世，孔子"恢复周礼"的梦想，很不合时宜，全是"无用功"。

隐士们像能预知孔子的行程一样，提前"埋伏"在大街上、渡口边、田地里，等孔子来。他们有的冷言冷语，有的好言相劝，还有的讽刺挖苦翻白眼。总之，隐士们费了很大力气想劝孔子"改邪归正"，让孔子改变"知其不可为而为之"，和他们一样"知其不可为而逃之"。

纵然在事业遭受挫折时，孔子有过退隐江湖的想法，但天下如此混乱，总要有人承担起拯救天下苍生的重任，无论遇到多大困难，自己都要坚持下去，死而无悔。

孔子的"公关策略"

孔子在楚国过得很不开心。楚昭王死后，子西拿他当成了"透明人"——根本没有要重用他的意思。再加上老是遇到一帮隐士，冷嘲热讽来捣乱。于是，孔子决定还是回到卫国去。

蒯聩在晋国的支持下回国抢王位，儿子卫出公当然不愿意，父子两个人狠狠地"掐"了一架，蒯聩没占到便宜，只好再回到晋国去，等待机会东山再起。卫出公坐稳了位置，

国家安定了,也有重用孔子之意。孔子回到卫国,看来这一次被重用的机会很大。

子路兴冲冲地来请教老师,这一回大概要重用了,你得拿出个施政纲领啊。孔子回答说,我首先要纠正各种不正的名分。子路也都快六十岁的人了,还是个急性子,脱口而出说,"您怎么还是玩虚的,老师您实在是太迂腐了!"

孔子很生气,后果很严重。他对子路说:"野哉,由也!君子于其所不知,盖阙如也。名不正,则言不顺;言不顺,则事不成;事不成,则礼乐不兴;礼乐不兴,则刑罚不中;刑罚不中,则民无所错手足。故君子名之必可言也,言之必可行也。君子于其言,无所苟而已矣。"[1]孔子批评子路说,"子路!你真粗鲁啊,君子对自己不知道的事,应该保持沉默"。

接着,孔子说,"名分不正,说话就不能顺理成章,说话不能顺理成章,做事就很难成功。事情做不成功,礼乐就不能兴盛,礼乐无法兴盛,就会导致刑罚不恰当,刑罚不恰当,百姓就会不知所措。所以君子纠正了名分就可以说得顺理成章,说得顺理成章则一定可以行得通。"

孔子对子路的粗野还耿耿于怀,他继续批评子路,"君子对于自己所说的话,不能有一点点的马虎"。子路被批评得很惨,但是子路也为历史做出了贡献,正是他的粗野无礼,

---

[1] 见《论语·子路》。

第八章
十四年熬成"面霸"

才启发了孔子著名的"正名"的思想。

"正名"便是"纠正名分","名分"其实就是等级制度和规则。孔子在齐国的时候,曾经告诉齐景公,"君君臣臣父父子子",这是他早期的"正名"说。春秋时期,"礼崩乐坏"的局面,导致很多人不按名分办事,说白了就是不守规矩。季桓子抢了鲁昭公的歌舞团,在自己庭院里歌之舞之;家臣阳货抓了领导而自己搞山头。春秋时期还发生过很多大臣杀死国君、儿子杀掉父亲这样大逆不道的事情。孔子认为,发生这些极端的事情,都是"名不正"的缘故。

从卫国来说,蒯聩刺杀自己母亲南子,这是名分不正;蒯聩回国和儿子争夺君位,这是名分不正;父子二人掐成一团,造成不好的国际影响,也是名分不正。所以,孔子一回到卫国,就提出要首先"正名"的施政理念,是很有针对性的。

卫出公虽然挫败了父亲蒯聩回国争夺王位的阴谋,但是父子之间的争斗毕竟不是好事。所以,卫国的国际形象和卫出公的个人形象很不好。孔子既然决定重新回到卫国,显然已经接受了卫出公是"正牌国君"的现实。按照他的"正名"理论,估计孔子是想利用自己的影响力,在国际上为卫国搞一次"形象公关",来改善卫国的国际形象。但卫出公显然没有认识到正名的重要性,像他的爷爷一样,就是把孔子"供着"——可以好吃好喝,做官从政那是瞎扯。

不如归去

吴王夫差越发嚣张了,和齐景公一样,也要和鲁国来一次会盟。要求鲁国拿出一百只羊、一百头牛、一百头猪,称之为"百牢",进贡给吴国。东西不多,但这显然是"欺负人",规矩不对。没有了孔子,鲁国只好乖乖地送过去。吴国还要求执政官季康子亲自去一趟吴国,说起来是去游览江南的美景,其实是要他去磕头认输的。季康子当然不愿意去,就从孔子这里借走了子贡。子贡到了吴国一趟,既游览了江南美景,也没有失了鲁国的面子。

在鲁国与吴国的战争中,孔子的好多弟子都为国家做出了贡献。季康子苦于国家缺少人才,就又从孔子那里借走了冉有。孔子很高兴,告诉弟子们说,鲁国这次招冉有回去,是要重用的。子贡从老师的话中,闻到了一股浓浓的醋味,于是就偷偷地对冉有说,你回去,混好的话,想办法把老师接回去。

冉有回去很快就立了大功,他和师弟樊迟两个人带兵打败了齐国。季康子很佩服冉有的军事才能,就问冉有的军事才能是从哪儿学的。冉有是个聪明人,就把老师孔子大大地吹捧了一番,就差把孔子说成"撒豆成兵"的神仙了。季康子一想,自己从孔子那儿借了那么多人来,自己有些不好意思,再加上国家确实需要人才,就派出三位使者,带了礼物,

第八章
十四年熬成"面霸"

隆重地迎回了孔子。

十四年的漂泊流浪,十四年的艰难险阻,孔子终于回到了自己的祖国。十四年周游列国,他没有放松教育事业,无论在什么时候,他都把教育弟子放在第一位,哪怕是被人围困,哪怕是面临生死考验,哪怕是绝粮七日,孔子都坚持上课。十四年屡屡碰壁,并没有磨灭孔子追求"仁道"、"恢复周礼"、建立"大同世界"的梦想。在一次次的挫折中,孔子的内心变得更加强大。

第九章

守护中国文化的"钢铁侠"

"归去来兮,田园将芜胡不归?""回家吧,家乡的田园将要荒芜了,为什么不回去呢?"东晋文学家陶渊明,厌倦了官场生活,怀念家乡的田园风光,准备撂下官印,回家种地。这是隐士"避世"的思想。而孔子在众多隐士的"围追堵截"之下,还是不改初心。他也思念家乡,但境界比陶渊明高多了。他说,"归与!归与!吾党之小子狂简,斐然成章,吾不知所以裁之"[1]。意思是,"回去吧!回去吧!我家乡的孩子们志向远大,文采斐然而有章法,我不知道调教他们的办法了"。

叶落归根,六十八岁的孔子记挂着鲁国的未来,他希望回到祖国,重新干一番事业。

在回国之前,孔子说话文质彬彬,不会让各国的国君、大臣们当场下不来台,而回国之后,对年轻的鲁哀公和季康子,孔子就不那么客气了,经常一句话让他们喘不上气来。

---

[1] 见《论语·公冶长》。

鲁哀公和季康子本想请来一个"国老",彰显鲁国重贤的美名,哪想到请来一个"老刺头",动不动对他们横挑鼻子竖挑眼。所以,无论是鲁哀公还是季康子,对孔子相当不感冒,拿他当"刺猬",不敢靠得太近。因此,孔子晚年在鲁国的从政梦想,就像是"猴子捞月亮",看着很美而已。

孔子晚年的三件事

从政之路被堵死,晚年的孔子,走了另外一条路,继续自己的事业,他主要做了三件事。

第一,没事就教训鲁哀公和季康子。孔子告诉他们,为政者首先要正己,"直道而行",别整天干那些歪门邪道的事情。

第二,整理古代文化典籍。孔子一贯以古代文化的传承人而自命。正是这种神圣的使命感,让孔子和弟子们在数次遇险时,仍然"弦歌不绝",迸发出昂扬的生命力。孔子的治学原则是"述而不作",只讲述而不创作。事实上孔子"又述又作"——这是中华民族的幸运,中华民族历经磨难而文化世代流传,因为我们有了孔子。著名国学家柳诒徵先生说,"孔子者,中国文化之中心也。无孔子则无中国文化。自孔子以前数千年之文化,赖孔子而传;自孔子以后数千年之文化,赖孔子而开"。也就是说,孔子传承了自他以前的文化,而他的思想又影响了以后的两千五百年。从这个意义上说,

孔子对中国文化的贡献,可谓是千古第一人。

第三,孔子继续伟大的教育事业。自孔子兴办私学,至晚年回到鲁国,教育生涯已经近四十年。按照现在的标准,孔子早已退休,而且应该被授予"功勋教师"的称号。虽然孔子快要七十岁了,但他"不知老之将至",孜孜以求诲人不倦。

孔子晚年的这三件事,第一件让他在官场落寞失意,后两件,让他成为中华民族最伟大的教育家、文献整理家和心灵导师。

孔子是个"老刺头"

孔子回到鲁国,被尊为"国老",相当于现在的"国家政策顾问委员会主席",保留了出国前的工资待遇。应该说,孔子可以安度晚年了。

回到鲁国,孔子的影响力直线上升。弟子们虽然还没有毕业(孔子认为教育是终生的事业,不发毕业证),但一些优秀弟子纷纷在校外兼职,在鲁国和其他国家身居高位者不在少数。子路做了季氏的家臣,地位可能在早他回国的冉求之上。弟子牛了,孔子的地位也随之水涨船高。此时孔子的自信心"爆棚",鲁哀公和季康子来咨询国政,他不是"闭目养神",就是"指桑骂槐",搞得鲁哀公和季康子很不自在。于是,好多国事,鲁哀公和季康子也就自己私下里决策了。

第九章
守护中国文化的"钢铁侠"

来问你,是给你个面子;至于你同不同意,那不是问题。

鲁哀公问孔子,怎么才能让老百姓心悦诚服。这是个好问题,说明在鲁哀公的心里,已经有了推行"德治"的萌芽。孔子回答说,"举直错诸枉,则民服;举枉错诸直,则民不服"[1]。意思是,"推举正直的人去管理奸邪的人,老百姓就会拥护你;推举奸邪的人去管理正直的人,老百姓就不会服气"。这话是千古真理,放到哪里都绝对正确。对孔子来说,针对鲁国的政治现状,孔子认为是一针见血;但在鲁哀公看来,这显然在批评自己昏庸无道任用小人,是准备把自己"一棍子打死"。所以,鲁哀公一肚子不高兴。

鲁哀公其实很欣赏孔子,不想和他搞得很僵。在和孔子聊天时,还专门说了个段子,想幽默一下来调和气氛。有一天,他跟孔子说,有个人得了健忘症,在乔迁新居时,家具全部搬好后,回头一看,哎呀,把老婆给忘了。说完,鲁哀公笑得前仰后合。孔子看着鲁哀公笑完,冷冷地说,那有什么,还有人把自己都忘了的。鲁哀公一听,原来除了忘掉老婆,居然还有把自己也忘了的人,赶紧让孔子说说。孔子说,夏朝国君夏桀荒淫无道,商朝国君纣王荒唐透顶,全都不顾老百姓的死活。最后夏桀被人俘虏悲惨死去,夏朝彻底玩完;而商纣王更惨,放了一把火把自己烧死,商朝彻底"over",

---

[1] 见《论语·为政》。

这不是忘掉自身吗。鲁哀公一听就明白了，再不走，估计孔子要骂他是亡国之君了，艰难吐出一个字"好"，转身走了。

鲁哀公给孔子讲了个"槽点"很低的笑话，指望孔子不要那么严肃，而孔子却讲了个让人浑身发抖的冷笑话，把鲁哀公给吓走了。自此以后，估计鲁哀公是不会在孔子面前讲笑话了。

别送孔子紫色裙子

孔子非常讲究"礼"。"礼"不仅包括内心对各种规则的尊敬，更重要的是，礼是一种区分高下尊卑的等级制度。在日常生活中，无论什么样的礼，都渗透着这种礼仪制度。比如国君的穿戴就是一件极为讲究的事情，这叫"衣冠之礼"。国君穿什么衣服，衣服是什么颜色，都有严格的规定。春秋时期主流颜色是红色，又叫"朱"，也是国君必须穿的颜色。"上好之，下必效之"，那些王公大臣、士人君子们，自然也都喜欢穿红色。我们想象一下，大街上，市场中，像苏格兰男人一样，人们红裙飘飘，[1] 若红日，似彩霞，那场面何等灿烂。男人们喜欢红色，女孩子们则喜欢含蓄的紫色。后来不知道哪个国

---

[1] 夏商周三代，衣服款式通常是上衣下裳，合称"衣裳"。"裳"就是裙子，不分男女，下身都穿裙子。到春期时期，这种上下分开的形式，被连接到一起，类似于现在的袍子了。

第九章
守护中国文化的"钢铁侠"

君偏爱紫色,于是人们就全都"红得发紫"啦。

时尚是一种传染病,紫色也成了流行色。但在古人的观念中,只有"朱"才是正色,而"紫"是不纯之色。孔子曾经说过,有三件事他最讨厌:厌恶用紫色取代红色;厌恶用郑国的俗乐扰乱雅乐;厌恶用伶牙俐齿颠覆国家的人。也就是说,你要是唱着郑国的流行歌曲,"油嘴滑舌"地送给孔子一件紫色的裙子,[1] 估计孔子会用手"撕"了你。

金庸先生的小说《天龙八部》中有两位漂亮的小姑娘,一个叫阿朱,另一个叫阿紫。一个温柔似水、心地善良,一个狡猾奸诈、心狠手辣。老有人会把这两个美女弄混,现在你可以明白,因为"朱"是正统的红色,所以"阿朱"是个好姑娘,而"阿紫"是个坏姑娘。

让我们把思绪从阿朱和阿紫姑娘身上扯回来。

有一天,鲁哀公向孔子抱怨,做国君很不好玩,天天要穿戴整齐,还有那么多的礼仪。他问孔子,"束宽大的腰带、戴周代式样的黑色丝绸礼帽,还有商代式样的成人礼帽,有益于仁吗"?由此可知,鲁哀公大概是个自由散漫的人,要是没有孔子管着,说不定会"上身西服,下身短裤加拖鞋"到朝廷来上班。孔子一听,当时就气坏了,跳着脚说,"君胡然也",意思是你怎么这么瞎讲。看来孔子是真生气了,

---

[1] 见《论语·阳货》。子曰:"恶紫之夺朱也,恶郑声之乱雅乐也,恶利口之覆邦家者。"

他居然违背自己"尊君"的礼仪,对年轻的国君大发其火。孔子接着说,"穿着丧服、撑着孝棍的人不听音乐,并不是听不见,而是身穿丧服使他们这样的;穿着祭祀礼服的人不吃荤菜,并不是舌头出了毛病,而是身穿祭服使他们这样的。束腰带、戴礼帽是有益于仁还是无益于仁,您大概知道了吧"[1]。

孔子的理论表明,服装对我们的情感和行为有潜移默化的影响。比如,在升旗仪式的时候,我们穿上校服,心中会油然而生对学校的自豪感。男孩子穿上燕尾服,就是品位高雅的绅士;女孩子穿上百叶裙,就是美丽动人的公主。这样的话,自然不会做出满嘴粗话、随地吐痰等不文明的行为来。也就是说,你的服装会影响你的行为。

骂了季康子三回

孔子这个"老刺头",经常惹得鲁哀公很不开心。其实倒不是孔子的脾气不好,而是他有神圣的使命感,觉得自己有必要做牛背上的"牛虻",或者是深海里的"沙丁鱼",时不时敲打下鲁哀公,让他少犯错误。

---

[1] 见《荀子》。鲁哀公问于孔子曰:"绅、委、章甫有益于仁乎?"孔子蹴然曰:"君胡然焉?资衰、苴杖者不听乐,非耳不能闻也,服使然也。黼(fǔ)衣黻(fú)裳者不茹荤,非口不能味也,服使然也。且丘闻之:'好肆不守折,长者不为市。'窃其有益与其无益,君其知之矣。"

第九章
守护中国文化的"钢铁侠"

鲁国执政季康子也很尊重孔子,经常向孔子咨询治国的问题。但孔子更加看不惯他,话中带刺很不客气。

有一次,季康子来请教治理国家的问题。孔子告诉他,"政者正也。子帅以正,孰敢不正"[1]?"政治就是走正道,你要是带头走正道,谁还会不走正道呢"?孔子历来主张统治者要起模范带头作用,他说,"为政以德,譬如北辰,居其所而众星拱之"[2]。意思是,"以德行来治理国家,就像北极星一样安坐在自己的位置上,其他的星辰便会自行在周围旋转运行"。孔子的言外之意是,你本来就不是个正经的人,你只要正大光明,别人自然会光明正大。季康子态度诚恳地来请教问题,没想到被孔子背后一掌,打成"内伤",季康子的心情很糟糕。

还有一次,季康子又来问政。他说鲁国有好多小偷和强盗,准备"放大招"多杀几个人,这样治安就会好起来。孔子更加不客气地说,"你治理国家,为什么要用杀人的办法呢?你自己要是行得正,不去剥削老百姓,你就是给钱,别人也不会去做强盗和小偷的。君子的道德就像风,老百姓的道德就像草,风往哪儿吹,草就往哪儿倒"[3]。这一次,孔子

---

[1] 见《论语·颜渊》。
[2] 见《论语·为政》。
[3] 见《论语·颜渊》。季康子问政于孔子曰:"如杀无道以就有道,何如?"孔子对曰:"子为政,焉用杀?子欲善而民善矣。君子之德风,小人之德草,草上之风必偃。"

显然是提高了"内力",言外之意,你就是全国最大的强盗,就别怪老百姓到你家偷东西。季康子更加不高兴了。

季康子又来问政了。和第一次一样,孔子说,"其身正,不令而行,其身不正,虽令不行"[1],始终强调作为统治者要以身作则,这样政令才能行得通。

孔子每一次回答问题,都会刺激鲁哀公和季康子一番。他们把孔子接回来,本来想挣点面子,结果每次都被孔子搞得没面子。因为,孔子是个国际知名的大学问家、大道德家,老是漂泊在海外,这对鲁国来说是一个耻辱。鲁国的发展需要人才,孔子的弟子们在鲁国做官,而孔子不仅是老师,更是"精神领袖",不把"精神领袖"请回国,冉求等一帮人也不会安心工作。所以把孔子请回来,也是无奈之举,而孔子回来之后,他们更加无奈了。

孔子虽然号称"六十而耳顺"了,但眼前总有看不惯的事情,说话不再像以前那样客客气气、拐弯抹角,喜欢直来直去、一吐为快了。鲁哀公和季康子都认为,这回请来的不是"国老",而是脾气倔强的"老刺头",这让孔子晚年的从政梦想完全落空。

---

[1] 见《论语·子路》。

第九章
守护中国文化的"钢铁侠"

"开除"冉有的学籍

季康子每次来向孔子请教,总要被孔子讽刺挖苦一番,搞得季康子像个犯错的小孩,不敢来找孔子。好多重要的事情,都是派他的秘书——孔子的学生冉求来请教。

季康子要在国内实施新税法,把原来的税赋提高一倍,历史上叫"用田赋"。而孔子一贯主张推行"仁政",要求统治者宽厚待民。在卫国时,孔子曾经提出著名的"庶富教"的思想,认为统治者应该大力发展经济,让老百姓富裕起来,再给他们提供良好的教育。从这个思想出发,孔子要求政府"节用而爱人",不要铺张浪费,在让百姓参加劳动的时候,要爱惜民力,更加反对政府向老百姓收重税。冉求来了,就征税问题征求孔子的意见,孔子不愿意表态。冉求急了,"您是国老,我们要按照您的意见行事,您倒是说话呀",孔子闭目养神,不肯说话,冉求无奈只好离开。事后,孔子对冉求说,"统治者做事要符合礼的要求,给老百姓的要多,做事要公平公正,收税一定要少。按照这个道理,我认为以前的税法就很好,不需要再增税了。如果统治者贪得无厌,收多少税都不会满足。季康子要是按礼行事,以前周公的规定都在,要是不想按照规定,又何必来问我呢"。

孔子的话义正词严很有道理,但季康子根本没打算听,这只是一个程序而已。季康子实施了新税法,而多才多艺的

冉求卖力工作，把收税工作干得风生水起，让季康子迅速成为鲁国最富有的人。孔子对此很不满意，召开了班会，向学生们宣布，冉求"非吾徒也，小子鸣鼓而攻之可也"¹。想当场开除冉求的学籍，并要求学生们敲锣打鼓"揍"他一顿。

反对欺负小国

子路也在季康子手下做事，和冉求做了同事。当时，鲁国刚刚打败了齐国的军队，这个事情百年难遇。季康子自信心极端膨胀，就想着去欺负个小国玩玩。颛臾（zhuān yú）是鲁国的附庸国，国家小好欺负，季康子就想去把它给灭了。这是大事，所以要征求孔子的意见。这一次，又撞到了孔子的"枪口"上。因为孔子对三件事最为谨慎，《论语》上说，"子之所慎：齐，战，疾"²。"齐"，在这里念"斋"，是祭祀之前的斋戒的礼仪，如沐浴更衣、不饮酒、不吃荤，减少娱乐活动等。孔子最重视祭祀礼仪、战争和疾病这三件事。重视斋戒，是要人们知道"举头三尺有神明"，做人做事有敬畏之心；重视战争，是要统治者奉行和平主义，不要随便发动战争；重视疾病，是要我们善待自己，有了好身体，才能更好地爱别人、爱国家和社会，

---

¹ 见《论语·先进》。
² 见《论语·述而》。

第九章
守护中国文化的"钢铁侠"

实现自己的人生理想。

冉求已经挨过孔子的批评,老师甚至还要同学们揍自己一顿,不敢一个人来找孔子,就拉上子路一起来。因为他知道,孔子最喜欢子路,也最喜欢批评子路,冉求这一招叫"移花接木",想把火引到子路身上。

针对攻打颛臾的事情,孔子表达了两点意见。第一,颛臾虽小,但是一个正式国家,莫名其妙打人家是违反礼制的;第二,颛臾是鲁国的附属国,而且在鲁国的境内。颛臾已经是鲁国的"小弟"了,哪有"老大"不关心"小弟",而要"弄死""小弟"的道理,所以攻打它是不仁不义的。总之,孔子投了反对票。[1]

孔子的价值观

面对孔子的批评,冉求说,这都是"领导"季康子的主意,自己和子路也是有心无力。孔子很生气,"冉求!贤人周任有句话说:'能够施展自己的力量就任职;如果不行,就该辞职。'人家遇到危险,不去扶持;将要摔倒了,不去搀扶,那又何必用助手呢?况且你的话错了。老虎犀牛从栅栏里逃了出来,龟壳美玉在匣子里毁坏了,这应责备谁呢?"言外之意,冉求和

---

[1] 见《论语·季氏》。原文较长,不引。

子路两个人,在其位不谋其政,没有劝阻季康子,很不合格。

接着,孔子阐述了自己的政治思想。"我听说,无论是有国的诸侯或者有家(封地)的大夫,不必担心财富不多,只需担心财富不均;不必担心人口太少,只需担心不安定。若是财富平均,便没有贫穷;和平相处,便不会人少;安定,便不会倾危。做到这样,远方的人还不归服,便发扬文治教化吸引他们。他们来了,就得使他们安心。如今你们两人辅佐季孙,远方的人不归服,却不能用文治教化招致;国家支离破碎,却不能保全;反而想在国境以内使用武力。我恐怕季孙的忧愁不在颛臾,却在萧墙里面。"[1]

这段话集中反映了孔子的政治思想,他追求建立一个公平、均等的社会。一个国家贫穷并不可怕,社会财富分配不均才可怕;一个国家人口少也不可怕,人心浮动不安才可怕。唐代著名史学家吴兢说,"理国要道,在于公平正直"。所以,党的十八大提出了社会主义核心价值观,国家层面是"自由、平等、公正、法治"。这里面,显然有孔子思想的影子。看来,孔子对社会主义核心价值观的形成,还是有间接贡献的。

春秋时期,产生了形形色色的学术流派,后被称之为"诸子百家"。主要流派为儒家、道家、法家和墨家。他们理想中的国家和社会,是不一样的。通俗地说,儒家希望生活在

---

[1] 见《论语·季氏》。原文较长,此处不引。

第九章
守护中国文化的"钢铁侠"

一个人人爱人、人人和谐的"天下大同"的世界,大家"相亲相爱一家人"快乐地生活。道家希望生活在一个"小国寡民"的社会,就像摇滚歌手伍佰在《挪威的森林》中唱的那样,"那里湖面总是澄清,那里空气充满宁静,雪白明月照在大地,藏着你不愿提起的回忆",人人清心寡欲,个个"呆若木鸡"[1],抛弃俗套的礼仪,见面也别假客气。大家各过各的,生活朴素安宁,不受干扰。法家则厌恶法外有特权,主张建立"刑无等级"制度,哪怕是高官犯了罪,该杀头就杀头,该打屁股就打屁股,他们希望生活在一个刑罚统一、法度严明的秩序社会。墨家,是专门利人毫不利己的博爱主义者,他们希望生活在一个人人平等、人人为我、我为人人的人间,生活在没有战争的社会。

抢救中国古代文化

中国有数千年光辉灿烂的文明史,孔子伟大的思想,并不是无根之木无源之水,而是继承和发展了夏商周三代文化的结果。有证据表明,我国的夏朝和商朝已经有了文字典籍,

---

[1] 见《庄子·达生》。"呆若木鸡"现在是贬义词,形容愣着不动;像只木头鸡,形容人痴或因惊恐而发愣的神态。其原意是褒义词,形容消除了欲望,对任何事情都不动声色的一种完美的精神境界。本文用原意。

而到了周朝初年，周公"制礼作乐"，同时继承和发展了夏商的文化，这些洋洋大观的上古文化典籍，绝大部分被藏于周朝的中央博物馆内。

一个显而易见的规律是，国家衰微之日就是文物典籍流失之时。晚清时期，来自英、法、德、美、日、俄、意、奥八个国家的强盗入侵了中国，烧毁了圆明园，抢走了光辉灿烂珍贵无比的文物典籍。东周时代，也是如此。用司马迁的话说，"孔子之时，周室微而《礼》《乐》废，《诗》《书》缺"，那些承载着上古文化的书籍都找不到啦。而孔子觉得自己的使命是"为往圣继绝学"，传承上古文化，回国之后，他把主要精力放到了整理古代文化典籍上。

一位年逾古稀的老人，没有纸张，写字只能用刀刻；也没有电脑做数据检索，只能跋涉四方去搜集书籍。所以，整理古代典籍，是一件极为艰苦的工作。但不要担心孔子会怕辛苦，因为孔子喜欢这个。孔子说，"知之者不如好之者，好之者不如乐之者"。兴趣是最好的老师，对事业和学问而言，掌握它的人，不如爱好它的人；爱好它的人，不如以它为乐的人。孔子就是一个爱好上古文化的人。

整理《诗经》

中国是诗的国度，诗歌传统源远而流长。《诗经》是中国第

第九章
守护中国文化的"钢铁侠"

一部诗歌总集,它反映了西周初期到春秋中叶约五百年间的社会面貌。《诗经》现在有三百零五篇,分《风》《雅》《颂》三部分。

《风》,是各诸侯国的民歌,又叫"国风"。"诗言志",说明诗歌是表达感情最好的方式。因为是民歌,那些诗人们不需要左顾右盼,也不需要担惊受怕,他们可以在阳光下、春风中载歌载舞;无论是欢喜还是悲伤,可以毫无顾忌地放声歌唱。因此,"国风"是《诗经》中最精华的部分。

《雅》,分《大雅》和《小雅》,是贵族祭祀时的诗歌,也就是唱给老祖宗听的。因此,这些诗歌要写得文雅有品位,不能粗野没水平,否则老祖宗会认为后代不好好学习,说不定会从地下爬出来,给他们补习功课。

《颂》,是宗庙祭祀的诗歌。是国君、大臣们在家庙中唱给祖先听的诗歌,因为要歌颂祖先们的丰功伟绩,所以叫"颂"。这些诗歌,是历史学家们求之不得的"宝贝",具有很高的历史价值。

孔子说,"不学诗,无以言",倒不是说不会诗歌的人都是"哑巴",而是说不学诗说话的水平就不高。春秋时期,贵族们从事外交等活动时,往往要背诵一段诗,这样显得有学问。晋国的外交官出访鲁国时,表现得非常无礼,鲁国的大臣当场背诵了"相鼠有皮,人而无仪"来讽刺他。

相鼠有皮,人而无仪。

人而无仪,不死何为?

相鼠有齿，人而无止。

人而无止，不死何俟？

相鼠有体，人而无礼。

人而无礼，胡不遄死？[1]

这首诗很容易理解，但我们用押韵的"打油诗"的形式翻译出来，很有幽默感。

连那老鼠都有皮，此人怎不讲礼仪。

做人要是没礼仪，活着真是没脸皮！

看那老鼠有牙齿，此人怎不讲节制。

做人要是没节制，不死还想等什么？

看那老鼠有肢体，做人怎能不讲礼。

要是做人不讲礼，为何还不快快死？

鲁国的大臣对《诗经》掌握得炉火纯青，没说晋国的外交官无礼无耻，而是用《诗经》中的一只老鼠来影射，可以说是"不学诗无以言"的典范，是骂人于无形之中的高手。

孔子整理《诗经》，有一个重要标准是"无邪"，意思是思想纯正。按照这个思想，他可能删除了《诗经》中一些重复的诗歌，编成了现在我们看到的305篇。孔子是个著名音乐家，为了更好地传播诗歌，孔子为这些诗歌配上了音乐，并把它当做教材使用。他曾经和子贡、子夏等弟子讨论过《诗

---

[1] 见《诗经·相鼠》。

经》,并对他们对《诗经》的灵活理解和运用,表示高度赞赏。

整理《乐》

诗歌和音乐是一对孪生兄弟,它们的关系密不可分。在春秋时期,对使用音乐有专门规定,这个规定也是"礼"的一部分。

周朝衰微之后,那些音乐家们的"金饭碗"被打破,为了谋生,纷纷下海卖艺去了。而周天子拥有"中央歌舞团"的特权也被打破。鲁国执政季桓子自己家搞祭祀,居然"挪用"了鲁昭公的歌舞团,在自己的家庙内开演唱会,而鲁昭公的歌舞团只剩下十六个人,连个舞蹈队的规模都达不到。

现在人喜欢音乐,可以随时来一首"周杰伦"或"TFBOYS",品位高的可以高歌一首"帕瓦罗蒂"或"多明戈",更可以呼朋唤友到KTV鬼哭狼嚎一番,但春秋时期不行,要遵守"到什么山唱什么歌"的规矩。因为,音乐带有严格的等级制度。

孔子是"音乐发烧友",又是个"麦霸",更是个会作词作曲的"音乐大师"。孔子对春秋时期"礼崩乐坏"的现状很不满意,因此,他下力气整理了《乐》,并把它当成自己学校的教材使用。

孔子非常重视音乐的教育作用,他说,"兴于诗,立于

礼,成于乐"[1]。意思是,"诗歌激发我们的情感,礼仪让我们获得立足社会的本领,而音乐可以完善人格,纯净我们的灵魂"。所以,孔子把音乐课看得很重要,对音乐课的考核很严格。因为,子路曾经在孔子门前击磬,估计水平不高,被孔子骂了一顿。[2]

孔子的担忧

孔子晚年深为没能实现理想而遗憾。他虽然说过,"人不知,而不愠,不亦君子乎"[3],意思是说,"别人不了解我,我也不生气,难道这不是君子的作风吗?"他要求我们,即使别人不理解自己,也要保持平静如水的心态。同时,孔子也会为碌碌无为而焦虑不安。孔子认为,要让别人了解自己,首先要做出成绩来。"君子病无能焉,不病人之不己知也"[4]。意思是,"君子担心自己能力不够,而不是别人不了解自己"。

---

[1] 见《论语·泰伯》。
[2] 见《论语·先进》。子曰:"由之瑟奚为于丘之门?"门人不敬子路。子曰:"由也升堂矣,未入于室也。"
　　译文:孔子说:"仲由弹瑟,为什么在我这里弹呢?"孔子的学生们因此都不尊敬子路。孔子便说:"仲由,他在学习上已经达到升堂的程度了,只是还没有入室罢了。"
[3] 见《论语·学而》。
[4] 见《论语·卫灵公》。

第九章
守护中国文化的"钢铁侠"

回到鲁国后,孔子在政治上的道路被完全堵死了,他有点上火。他抱怨说:"弗乎弗乎,君子病没世而名不称焉。吾道不行矣,吾何以自见后于世哉?"[1]意思是,"不行啊,不行啊,君子最担忧的是死后没有留下好名声,我的主张不能实行,我用什么给社会留下好名呢?"孔子一发愤,决定写一部书,让后世记住他的功绩,这部书就是《春秋》。[2]《春秋》是中国现存第一部编年体的史书,是儒家经典之一。这本书以鲁国十二个国君为次序,从鲁隐公元年(前722)开始,到鲁哀公十四年(前481)结束,简明扼要地记载了春秋时代二百四十二年间,鲁国、周王朝以及各诸侯国发生的历史事件。

"春秋"本来是我国古代各国史书的统称,据说那个时代各国都有自己的历史书籍,如晋国的史书叫《乘》,楚国的史书叫《梼杌(táo wù)》,而鲁国的史书叫《春秋》。后来各国的历史书籍,全都灰飞烟灭了,只剩下鲁国的《春秋》。

你可能会问,为什么叫"春秋"而不是"夏冬"呢?我们可以进行一番合理的推测。古人主要从事农业生产,对季节的变化特别敏感。春天是播种的季节,万物复苏生机勃勃,看着满眼的春光,古人感到心旷神怡;秋天是收获的季节,

---

[1] 见《史记·孔子世家》。
[2] 孔子写《春秋》的目的,是为他的政治理想服务,具体见下节"春秋笔法"写《春秋》。单纯说孔子为了出名而写春秋,是不准确的,此处为行文需要,请读者明鉴。

天高气爽遍地金黄,古人看着觉得心满意足。而"夏雨冬雪",气候恶劣,古人们早已躲到山洞里去避暑、取暖了,对夏天和冬天不在意,而对春天和秋天很重视。所以,把时光流逝的历史,叫做"春秋",听着就充满诗意。

"春秋笔法"写《春秋》

孔子年纪大了,精力不济,为什么要费神费力地写历史呢?意大利著名历史学家克罗齐说,"一切历史都是当代史"。

历史与现实息息相关,因为"历史是过去的现实,现实是未来的历史"。历史学家们写历史,不是为了好玩,也不是为了出名,而是要借鉴历史经验,为现实服务。司马迁著《史记》目的是"究天人之际,通古今之变,成一家之言";司马光编《资治通鉴》是"鉴于往事,有资于治道",都是通过写历史的兴衰,总结经验教训,为现实服务。

孔子晚年写《春秋》,也是为他的政治理想服务。恰如孟子所说,"世衰道微,邪说暴行有作,臣弑其君者有之,子弑其父者有之。孔子惧,作《春秋》"[1]。大意是说,"当时的情况很乱啊,各种奸邪的学说和残暴的行为时有出现,大臣杀了君主,儿子杀了父亲,孔子很担心害怕,这样的世

---

[1] 见《孟子·滕文公下》。

道怎么得了，于是写了《春秋》"。

孔子将政治思想融入书中，他采用的是"微言大义"的叙述方式，后世又称为"春秋笔法"。通俗地说，孔子不直接表达观点，而将思想和立场隐晦地暗藏在文字之中。比如，鲁僖公二十八年，晋文公在城濮打败了楚国的军队，他召集各国诸侯，在"践土"开国际会议，正式宣告成为春秋霸主。这样不过瘾，还专门"邀请"了周襄王，过来参加会议。按照礼制，周襄王是所有诸侯的总领导，晋文公开会不经过周襄王的批准，反而要求周王赶来开会，这显然是大逆不道。但周襄王没有办法，只好乖乖地来参加会议。对这一段历史，要是直说的话，应该是这样：晋文公违反礼制，坏了规矩，公然要挟周襄王必须到"践土"开会。周襄王无奈参会，正式承认晋文公的霸主地位。但这样写显然有问题，让周襄王很没有面子。一贯主张国家统一、"忠君尊王"的孔子肯定不能这么干。所以孔子用"春秋笔法"写道："天王狩于河阳"。意思是，周天子"雄赳赳气昂昂"，车马浩荡巡视河阳，顺便搞了一场规模宏大的狩猎活动。

孔子的《春秋》，就像标枪和匕首，对那些违反礼制、犯上作乱的人很有震慑作用。所以有"孔子作《春秋》，而乱臣贼子惧"的说法。而孔子也说："知我者其惟《春秋》

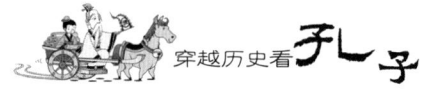

乎！罪我者其惟《春秋》乎！"[1] 意思是，"我写了《春秋》这本书，后世会有人因此而理解赞美我，也会有人因此诋毁我，随便别人怎么看，写史的事情我还是要干。"

因为孔子老用隐晦的笔法，搞得《春秋》很难懂，所以后来出现了专门注解《春秋》的书，分别是《左传》《公羊传》和《谷梁传》，史称"春秋三传"。

整理《书》《礼》

孔子小时候就喜欢"礼"，少年时，孔子成了礼仪主持人，成年后，又专门到老子那里学习，为了考察夏商周三代的礼仪，他去了宋国等国家。在开办了"青年政治学院"后，孔子更是把"礼"作为培养学生的重要课程。孔子的一生，和"礼"密切相关。也许命中注定，孔子将成为一个"礼"学大师。

礼本来是原始社会人们在日常生活中的一些风俗习惯，到了商代，这些风俗习惯逐步成为祭祀仪式的礼。周朝继承了商朝的礼，由周公加以改造，成为"周公之礼"，即西周

---

[1] 见《孟子·滕文公下》："《春秋》，天子之事也。是故孔子曰：'知我者，其惟《春秋》乎！罪我者，其惟《春秋》乎！'"大意是说，"我做的这些事，写的这本书，后人一定会毁誉不一、褒贬不一的，但我只要认为这是对的，是有价值的，不论别人如何评说，我都会坚定地做下去！"

的"古礼"。孔子梦寐以求想要恢复的,就是西周的古礼。但这些古老的礼仪,就像武林秘籍一样,基本上失传了。

东汉著名学者郑玄,融合了"今""古"两派的学说,将礼定型为三种,即《周礼》《仪礼》和《礼记》。作为春秋时期的礼仪大师,在大学专门开设礼仪课的"大学教授",据说孔子系统地整理并向弟子们传授了礼,并通过他的学生们,将礼传了下来。

《书》又称《尚书》或《书经》。是我国最古老的一部史书。"尚书"的意思就是久远的上古史书。现在我们能看到的《尚书》,是由《今文尚书》和《伪古文尚书》组成的。所谓《今文尚书》是由西汉的伏生传授下来的,因为是用西汉时期通用的隶书书写,所以称之为"今文",一共二十九篇。《伪古文尚书》,据说是晋代的王肃或梅颐伪造的。孔子在他的学校,专门开设了历史课,可能为了教学的需要,而整理、编订了《尚书》。

整理《易经》

《易》又称《周易》或《易经》。据说是周文王被商纣王抓起来关进牢房,百无聊赖之际推演出来的,可能是想给自己算上一卦,看看什么时候能减刑出狱。所以,最初的《易经》只是一本古人用来占卜算命的书。因为,古人不懂科学,

对大自然现象不能作出科学的解释，认为那都是天神的主意，但天神的心思普通人又无法猜得透，于是就借助"卜筮（shì）"之法，来预测吉凶，决定自己的行动。

"卜"是指用龟甲预测的方法，"筮"是指用蓍（shī）草预测的方法，合称"卜筮"。举个例子，某古人某日要出去卖羊，他想预测路上是否会遇上狼，或者能否顺利卖掉羊，他首选用蓍草来预测吉凶。估计是随便抓一把蓍草，然后看是吉数还是凶数。第一次要是吉数，那就没问题，路上肯定不会遇到狼。要是第一次就抓了凶数，那他还有两次机会，但绝不能因为抓不到吉数，就一直抓下去，因为"事不过三"。而"卜"是用火烤龟甲，然后观察龟甲上的裂纹来预测吉凶。总之，最初的《易经》就是教你如何算命的书。

孔子本来不信鬼神，是个朴素的唯物主义者，但到了晚年，突然对《易经》发生了兴趣。这一点，和伟大科学家牛顿有点类似。牛顿先生自从被苹果砸中脑袋之后，突然"脑洞大开"，发现了好几条伟大的定律，成为科学史上大师级人物。但牛顿到了晚年，醉心于神学和炼金术，开始追随上帝。孔子本来不大相信鬼神的，年轻的时候，没有去学《易经》。后来孔子说，"加我数年，五十以学易，可以无大过矣"[1]。意思是，"如果能让我年轻几岁，从五十岁开始研究周易，

---

[1] 见《论语·述而》。

就可以不犯大的错误了",看来孔子对没有早点学习周易,而感到深深的遗憾。所以,他刻苦学习周易,以至于多次翻断了编联竹简的牛皮带子。

现在我们看到的《周易》,包括《经》和《传》两个部分。《经》主要是六十四卦和三百八十四爻(yáo),有卦辞和爻辞,分别对卦和爻进行说明。《传》包含解释卦辞和爻辞的七种文辞共十篇,统称《十翼》,据说是孔子写的。孔子的贡献在于,大大提高了该书的品位,把原来一本不入流的算命书,改造成一本蕴含着丰富深刻哲理的哲学书。因为这个书比较难,估计孔子把它列为"青年政治学院"的选修课。

勤奋而博学的孔子,用他的一生,整理、保存了中国古老的文化,并通过他的弟子们,将灿烂的中华文化,传播到每一个炎黄子孙的心中。

抓了一头"四不像"

孔子写《春秋》,写得很辛苦。搜集资料的体力劳动倒在其次,关键是他要对写下的每一个字负责,从而绞尽脑汁字斟句酌,虽然很累,但他始终坚持笔耕不辍,直到发生了一件事。

公元前481年,鲁哀公十四年的春天。管理山林的人在鲁国都城曲阜西边的巨野县一带打猎。鲁国权臣叔孙氏的司

机鉏（chú）商抓到一只奇怪的野兽，用车子运了回来，献给叔孙氏。叔孙氏被这怪兽吓了一跳，以为不吉祥，自己不要赐给了别人。孔子看后说："这是麒麟啊！为什么来啊！为什么来啊！"像个孩子般掩面大哭起来。

和龙一样，麒麟也是人们理想中的神兽，在现实世界中并不存在。有学者考证，这个怪兽很有可能就是麋（mí）鹿，是世界珍稀动物，因为它头脸像马、角像鹿、蹄像牛、尾像驴，因此得名"四不像"。据说麋鹿在汉朝已经基本上绝种了，到了清代，只在皇家的猎场内可以见到了。八国联军入侵北京时，看到了这种奇妙的动物，这伙强盗就把原产于中国的麋鹿抢走了。到上世纪八十年代，英国人送给我们国家几头，麋鹿终于不再"迷路"，回到故乡焕发了生机。现在江苏的大丰市、湖北的石首市都有数量较多的麋鹿群。

据说孔子这时正在写《春秋》，看到抓了个麒麟，认为这是凶兆。因为他认为麒麟是祥瑞的"仁兽"，只有在太平盛世才会出现。现在天下大乱，麒麟不愿意出来，而是被抓出来。孔子和麒麟有同样的感受。麒麟是"出非其时"，出现的不是时候，而孔子是"生非其时"，生活的时代不对头。孔子认为自己和麒麟是难兄难弟，命运相似。孔子对未来彻底失望，于是干脆罢工——不再写《春秋》了。

第九章
守护中国文化的"钢铁侠"

抽查孔鲤的作业

孔子是伟大思想家,他思想的核心是"仁"。"仁"的思想逻辑是循序渐进的。首先要爱自己,这不是自私,这是一个人的道德起点,只有学会了正确地爱自己,才会爱别人。因为,每个人的心阳光了,社会才会灿烂。孔子认为,爱人要从爱亲人开始。做人子,我们应该孝顺父母尊敬长辈和兄长;做人父母,要慈爱孩子关心幼小。然后我们再把爱投向朋友,投向陌生人,投向社会。爱就像一眼泉水,先从自己的内心流出,流向父母、亲人和朋友,滋润他人,然后汇成大河,直至融入社会的海洋。

孔子是个博爱主义者,洒向人间全是爱。但对亲人来说,他不是个合格的丈夫和父亲。孔子十九岁结婚,二十岁生了孔鲤。为追求理想,他经常在外游学、流浪,照顾家庭的时间很少。家中只有妻子亓官氏和独生子孔鲤,照顾一大家子的生活。孔子把最深沉的爱给了天下,他渴望让每一个人都沐浴着爱的阳光;他把最温暖的爱给了学生们,教他们从政和做人的道理,助推他们走向人生的巅峰。但对妻子和儿子,他的爱是吝啬的,甚至在他们离开人世之时,孔子的悲伤也是节制而含蓄的。

在孔子回国的前一年,妻子亓官氏去世了,孔子很悲伤。回到鲁国的第二年,五十岁的孔鲤去世了。作为孔子的儿子,

孔鲤是幸运的,也是不幸的。对孔鲤来说,他拥有一个伟大的父亲;不幸的是,博爱的父亲并没有将自己的爱多分给他一点点。对孔子来说,孔鲤就像一个资质平平的学生,孔鲤的地位甚至还比不上孔子最普通的弟子。

有人曾经怀疑,孔子会不会在课外偷偷地给儿子补课。《论语》上记载了这样一个故事。陈亢问孔鲤,老师有没有给你开过"小灶"?孔鲤说,没有啊。孔鲤告诉他,有一次,父亲在院子里站着,我快步从庭院中经过,父亲叫住了我,问我学习《诗》了吗,我说没有。父亲告诉我,不好好学《诗》,说话的水平就不高。还有一次,父亲又叫住我,问我学《礼》了吗,我说没有,父亲告诉我,不学《礼》,就没有立足社会的本领。孔鲤说,小灶没有,挨批是常事。陈亢听了很高兴,原来孔子并没有偷偷地给儿子补课,老师真是个君子啊。还有一次,孔子又抽查了儿子的作业。他问孔鲤,你读了《诗经》中的《周南》和《召南》了吗?要是没读的话,你就像站在一面高墙下,什么也看不见,什么路也走不通。[1]这说明孔子很重视诗歌的教育作用,同时也说明,孔子很欣赏诗经中的《周南》和《召南》。

孔鲤在庭院里挨训的故事,被后人赋予了丰富的含义。后来,人们把尊长或老师教育学生的地方叫"鲤庭";把尊长或

---

[1] 见《论语·阳货》。子谓伯鱼曰:"女为《周南》《召南》矣乎?人而不为《周南》《召南》,其犹正墙面而立也与!"

第九章
守护中国文化的"钢铁侠"

老师对学生的培育教导叫"过庭训、庭训、鲤对、过庭闻礼"。

那个最爱我的人去了

就像班主任一般都喜欢班长一样,在"青年政治学院",孔子最喜欢的学生是班长颜回。

在孔子的班级中,颜回和子路,简直就像两个世界的人。颜回集孔子"百般宠爱于一身",时常被表扬,但无论老师怎么夸,颜回都面似秋水不动声色。相比之下,子路就特别"悲催",孔子动不动就骂,偶尔夸他两句,子路脸上就波澜起伏得意忘形,结果还是招来孔子一顿痛骂。

无论是表扬还是批评,都蕴含了孔子的一腔温情;无论是颜回还是子路,都是孔子最爱的学生。同样,孔子也是他们最爱的人。他们之间的关系,就是一首歌的名字——《爱我的人和我爱的人》。特别是颜回,简直把孔子当成最爱的人——不是父亲,胜似父亲。

公元前 481 年,颜回先孔子而去世。孔子对他的早逝感到极为悲痛,"天丧予!天丧予!"[1] 他哀叹说,"这是老天让我死啊"。

自十多岁进入师门,颜回始终追随着孔子的脚步,是孔子"骨灰级"的"铁粉"。对孔子的话,颜回深信不疑;对

---

[1] 见《论语·先进》。

孔子的要求，颜回坚决执行。在办学之初，孔子在和少正卯的竞争中处于下风，学生们都跑光了，但只有颜回一个人陪着孔子，所以说，颜回是孔子最忠心耿耿的学生。

在孔子面前，颜回是班长，替他管理班级；是厨师，给孔子烧菜做饭；是心理医生，给孔子加油打气；是助教，帮晚年的孔子搜集资料整理《易经》；他甚至还会说几句笑话，给孔子调剂心情。在跋涉四方找工作时，颜回掉了队，很晚才和大部队会合，孔子担心地对颜回说，我还以为你死了呢。颜回则幽默地说，老师还没有死，我怎么敢死呢？这也就是颜回，要是子路说这样的话，估计孔子早就开骂了。

颜回对孔子极为崇拜。他说，"老师的道，越抬头看，越觉得它高明；越用力钻研，越觉得它深奥。看着它似乎在前面，等我们向前面寻找时，它又忽然出现在后面。老师的道虽然这样高深和不易捉摸，可是老师善于有步骤地诱导我们，用各种文献知识来丰富我们，提高我们，又用礼来约束我们，使我们想停止学习都不可能。我已经用尽我的才力，似乎已能够独立工作。要想再向前迈一步，又不知怎样着手了"[1]。颜回的这些话，情真意切又有现身说法，给孔子和他的学校，做了最好的广告。

---

[1] 见《论语·子罕》。颜渊喟然叹曰："仰之弥高，钻之弥坚，瞻之在前，忽焉在后。夫子循循然善诱人，博我以文，约我以礼，欲罢不能。既竭吾才，如有所立卓尔。虽欲从之，末由也已。"

第九章
守护中国文化的"钢铁侠"

庄子曾经讲过这样的故事。颜回对孔子说,"夫子步亦步,夫子趋亦趋,夫子驰亦驰;夫子奔逸绝尘,而回瞠若乎后矣!"[1] 我们不禁感叹颜回的语言艺术。他平时不说话,一旦开口,每句话都能直达孔子内心最柔软的地方。这段话是说,"老师慢步走,我也慢步走;老师快步走,我也快步走;老师跑起来,我也跑起来;但老师一旦加速,绝尘而去,我只好目瞪口呆了"。颜回的这段话,变成了"亦步亦趋"的成语。可惜的是后来成了贬义词,比喻由于缺乏主张,或为了讨好,事事模仿或追随别人。

喜欢颜回的理由

那么,颜回身上到底有哪些优点,让孔子这么喜欢他呢。

首先,颜回甘于清贫。在孔子弟子中,颜回大概是最穷的人了。一竹筒饭,一瓢水,住在破巷子里,简直是在贫民窟里要饭的。别人不能忍受这种贫苦,颜回却自得其乐。孔子也是穷孩子出身,天然地对甘于清贫的穷学生有好感,所以孔子说颜回是个贤人。孔子说,吃粗粮,喝冷水,弯着胳膊做枕头,也是乐在其中。那些不义之财,在他看来就好像

---

[1] 见《庄子·田子方》。

浮云一样[1]。也就是说，孔子和颜回在精神境界上，达到了高度和谐统一。

第二，颜回勤奋好学。孔子说"语之而不惰者，其回也与"[2]。意思是，"认真做笔记目不转睛不开小差听我讲话的，大概只有颜回了吧"。颜回去世之后，孔子还悲叹，"死得可惜啊！我只看到他前进，从未看到他停下前进的步伐。"在孔子眼中，颜回就是"好好学习，天天向上"的典范。

第三，颜回品行高尚。孔子称赞他，"回也，其心三月不违仁"[3]，意思是别人的"仁"是三天打鱼两天晒网，而颜回的"仁"，可以坚持很长时间，甚至已经成为他生活的一部分。在孔子眼里，颜回还是个严于律己的人，他从不把脾气发到别人的身上，也不重犯同样的错误。

第四，颜回聪明不张扬。孔子的教学方法是"举一反三"，特别重视学生的悟性。子贡是个很聪明的人，但子贡认为自己只不过是"闻一知二"，而颜回就牛多了，他能"闻一以知十"，简直是个智商极高的"超级学霸"。这一点，孔子也认为自己和子贡都比不上颜回。但颜回是个很"内秀"的人，看上去有点呆。一开始孔子认为颜回的智商不高，到后

---

[1] 见《论语·述而》。子曰："饭疏食饮水，曲肱而枕之，乐亦在其中矣。不义而富且贵，于我如浮云。"
[2] 见《论语·子罕》。
[3] 见《论语·雍也》。

第九章
守护中国文化的"钢铁侠"

来才发现,颜回其实一点都不笨,对孔子的学问,颜回不仅能够掌握其精神实质,做到融会贯通,还能够对孔子有所启发。

颜回去世了,孔子悲痛异常,弟子们劝他别哭坏了身体。孔子哭着说,我太悲伤了吗?我都忘了自己了,这个人死了还不悲伤,那还悲伤谁呢?

孔子回忆起颜回的点点滴滴,说自从有了颜回,学生们就更加亲近他了。这说明,颜回是个善于团结同学、做思想政治工作的"优秀学生干部"。当然,孔子也说过,自从有了子路,耳边就听不到坏话了。我们可以进行一个有趣的对比:颜回用他的道德,影响了其他同学,让他们成为孔子的粉丝;而子路用他的拳头,教训了那些说孔子坏话的人,班长和副班长,一文一武,相得益彰。

颜回去世后,他的父亲颜路请求孔子把车子卖了,给颜回置办一套好棺材。孔子不同意,对颜路说,不管是有才的人,还是平庸的人,做父亲的感情都是一样的。孔鲤死时,也是只有一层棺。不是我小气,没有办法啊。我是做过官的,现在还是"国老",你能让我步行去上班吗?[1]

颜回没有做过官,没有资格享受一场隆重的葬礼,尽管孔子出于礼制的考虑,反对厚葬颜回,但颜回的同学们,还是给他办了一场隆重的葬礼,尽管颜回已经无法表达感谢之情了。

---

[1] 见《论语·先进》。子曰:"才不才,亦各言其子也。鲤也死,有棺而无椁。吾不徒行以为之椁。以吾从大夫之后,不可徒行也。"

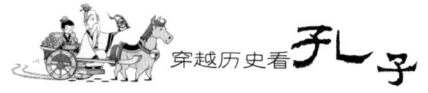

子路的牺牲

子路在孔门弟子中是个异类。他和大多数同学一样，出身贫寒。樊迟以种地为生，子张以在骡马市场上帮人"砍价"为生，颜涿聚在拜在孔子门下之前，是个大盗，以烧杀抢掠为生。这些同学的职业虽然不怎么样，除了颜涿聚，好歹有个正经工作。但子路是"卞之野人"，和现在意义的野人不同，子路不是"神农架"的野人，而是居住在"卞"这个地方城外的人，用现代的话说，子路是"卞"地城乡结合部的农民。

仲由，字子路，又字季路，鲁国卞人。"卞"，大概在今天的山东省临沂市。此地有个叫卞庄子的勇士，一个人杀了两只虎，比清河县的武松还猛一倍。子路和卞庄子是老乡，其勇猛不在卞庄子之下。

子路没有正经职业，勇猛而有蛮力，这样的人走在大街上，就是一副小流氓的模样。《史记》说，子路性格豪放，武功高强。头戴公鸡羽毛做的帽子，腰间挎着用猪皮装饰的长剑。这显然就是"左青龙，右白虎，中间纹了个米老鼠"的街头小混混。估计一身"杀马特"装扮的子路，大街上是横着走，别人只好躲着走。一天，年轻的孔子在街上遇到了更年轻的子路。孔子高大威猛，子路趾高气扬，二人相见，感觉连大街都变窄了。

第九章
守护中国文化的"钢铁侠"

二人相遇的后果,在《史记》中可以找到:"陵暴孔子"。尽管不屑和小混混打架,但结果很悲催——孔子很可能被子路摁倒"揍"了一顿。但孔子不生气,而是"设礼稍诱子路",君子动口不动手,小人才动手又动口。孔子给子路讲了一大箩筐道理,用礼仪去引导他。就像《天龙八部》中的"南海鳄神"岳老三,对段誉心服口服一样,子路最后穿了儒者的衣服,找人说情,正式拜在孔子门下。从此,子路忠心耿耿地陪伴在孔子身旁,成为孔子最为依赖的弟子。

子路的死,带有强烈的悲剧色彩。他本可以不死,但他选择了捍卫道义,孤身和敌人对抗,最终死于敌手,被剁成肉酱。

公元前 480 年,子路在卫国权臣孔悝(kuī)的手下做官。卫国还是不安定,卫出公的老爸蒯聩一直想把儿子的国君之位抢回来。蒯聩是孔悝母亲的弟弟,也是孔悝的舅舅。对于父子二人的"互掐",孔悝和母亲立场相反。母亲支持弟弟蒯聩,孔悝支持表弟卫出公。但孔悝是卫国的执政官,蒯聩要想做国君,必须获得孔悝的协助。

蒯聩潜入卫国,躲在孔悝的菜园里。孔悝的老妈亲自出手,把儿子抓了起来,强迫孔悝同意舅舅做国君,把表弟赶下台。因为要"歃(shà)血为盟",菜园里找不到牛,只好临时杀了一头猪,以猪血冒充牛血。他们胁迫孔悝登上立盟约的土台,让孔悝宣布蒯聩做国君的命令。

子路不在城里,听到政变的消息,急忙往城里赶。路上

遇到了从城里逃出来的同学子羔。子羔告诉他,大势已去,赶紧逃吧。子路说,我吃人家的饭,却在人家遇到危险的时候逃走,不是君子的行为。于是单枪匹马进城,准备救出孔悝。子路和蒯聩的人搏斗起来。子路人单势孤,受了重伤,帽子上的缨也断了。子路说,君子在临死的时候,帽子要端正。他用尽全身力气,整理好衣服和帽子,平静地等待死亡。古希腊哲学家苏格拉底说过,"一个人临终时应该保持心灵的平和",而子路比苏格拉底还平静,他以一种君子的优雅姿态,以一种近乎惨烈的方式,庄严而悲壮地死去。

纵然子路被敌人剁成肉酱,但子路"向死而生"的伟大精神永存!

孔子曾经说"若由也,不得其死然",意思是,"像子路这样,我恐怕他以后不得好死吧"。听起来有点像诅咒子路的意思,其实这正反映了孔子对子路深沉的爱。因为孔子深知子路勇猛的性格,在那个战乱纷争的年代,越是勇猛的人,可能死得越惨,这真的是一语成谶(chèn)。孔子听说卫国发生政变后,担忧地说,子路怕是回不来了。果然,消息传来,子路被人砍成肉泥,以一种悲壮的方式牺牲了。孔子听了,在大庭广众之下,就大哭起来。许久,悲伤中的孔子,赶紧让人把厨房里的肉酱倒掉,他怕睹物思人心里难受。

原本是"小流氓"的子路,原本率真尚勇的子路,在孔子的教育下,成了一个追求道义、从容赴死的君子,这就是

第九章
守护中国文化的"钢铁侠"

文化的熏陶和教育的力量。在子路身上,我们可以看到中国知识分子"杀身成仁、舍生取义"的伟大精神;在子路身上,我们可以感受中国知识分子"求仁得仁"而无悔的坚强。

"折骨为刀"的侠客

在《论语》中,子路是被提到最多的弟子。他性格耿直,有一说一从不含糊。他是孔门弟子中唯一敢于批评孔子的人。当孔子慌不择路要去做官时,子路批评;当孔子去见名声不好的南子时,子路批评,搞得孔子对天发誓;当孔子主张"正名"时,子路批评。反正,子路在重要问题上,不给老师面子,他是个有话就说、有意见就提的"直肠子"。

对子路,孔子是又爱又恨。所以子路也是孔子批评最多的人。虽然师徒二人常常吵架,但孔子很重视子路的意见,而子路对孔子,也是"一往情深"的崇拜。子路天真耿直,像个不谙世事的孩子。孔子上课提问,子路总是第一个站起来回答问题,一点都不谦虚。而不像颜回那样"深藏功与名",每次都是最后一个"总结陈词"。结果第一个回答问题的子路老是被批评,而最后一个回答问题的颜回老是被表扬。

子路不善于隐藏自己的想法,喜和怒都表现在脸上。有一天,大概是对未来有点失望,孔子感慨说,"道不行,乘

桴浮于海。从我者，其由与"[1]。意思是，"我的理想实现不了时，我要驾着一叶小舟，移民海外。跟着我的，大概只有子路了吧"。子路一听喜出望外，看来自己是老师最喜欢的人，出国还要带上自己。于是脸上漾出自得的神色。孔子最看不惯不谦虚的人，马上一盆冷水泼下来："由也好勇过我，无所取材。"意思是，"子路啊，你也就是在勇猛这方面能胜过我，其他的没什么了不起"。

子路恰恰是把"勇"看成是自己的最大优势，有点不服气，问孔子"君子尚勇乎"？言外之意是，我就是一个崇尚勇敢的君子，有什么不好？孔子告诉子路："君子义以为上。君子有勇而无义为乱，小人有勇而无义为盗。"[2]意思是，"君子以践行正义为最高行事准则，君子只有勇猛没有道义的话，则会成为祸国殃民的乱臣贼子；小人只有勇猛没有道义的话，那么就会成为杀人放火的强盗"。孔子告诫子路，不要炫耀武功高强，关键要提高道德修养。

子路看起来是个像张飞、李逵一样的粗人，其实子路的学习成绩优异，在孔子"十大优秀学生"排行榜上，子路是政事科的第二名，是个治国理政的人才。孔子认为，子路可以做大国的国防部长。后来，子路在好几个地方都做过官，深受老百姓的爱戴。

---

[1] 见《论语·公冶长》。
[2] 见《论语·阳货》。

第九章
守护中国文化的"钢铁侠"

子路身上有侠客折骨为刀的精神,有君子一言九鼎的风骨。《论语》上说"子路无宿诺",子路一旦许下诺言,不会让诺言过夜,而是马上就去做。因为这一点,老百姓都很信任子路,很少有人在他面前说假话。所以,子路在判决案件时,仅仅听一方的陈述,就可以明察秋毫了。

虽然孔子骂子路最多,但他把子路看成自己最得力的助手。子路是孔子的保镖,在周游列国的时候,如果没有子路的贴身侍卫,估计孔子早就被人砍死了。子路是孔子的"先锋队",在每次迷路时,孔子总会派子路去问路,就像唐僧老是派孙悟空出去一样。子路还是监督孔子的人,每次孔子有不安分的想法,子路马上跳出来表示反对,在子路的监督下,孔子少犯了很多错误,维护了"圣人"的形象。

子路与孔子互相批评,体现了师徒之间真正的友谊。子路批评孔子,是为了维护孔子的名誉;而孔子批评子路,是要提高子路的道德修养和学业水平,培养他的君子人格。孔子说,"益者三友,损者三友。友直,友谅,友多闻,益矣。友便辟,友善柔,友便佞,损矣"[1]。意思是,"有益的交友有三种,有害的交友有三种。同正直的人交友,同诚信的人交友,同知识渊博的人交友,这是有益的。同惯于走邪道的人交朋友,同善于阿谀奉承的人交朋友,同惯于花言巧语

---

[1] 见《论语·季氏》。

的人交朋友，这是有害的。"按照这个标准，孔子和子路，已经超越了师徒关系，他们是互相理解、互相促进的好朋友。

哲人的谢世

孔子从卫国回到祖国，回到亲人的身边，按理说，应该是幸福绵长。然而，政治上的失意让他晚景凄凉，亲人和弟子的相继逝去让他充满忧伤。

六十八岁，亓官氏去世，孔子失去了妻子。

六十九岁，孔鲤去世，孔子失去了儿子。

七十一岁，颜回去世，孔子失去了能在精神上与之对话的最好的弟子。

七十二岁，子路牺牲，孔子失去了能在生活上给自己提供帮助的弟子。

当最爱的人纷纷离开人世，当理想之路都被堵死，孔子陷入了深深的迷茫之中，他感觉自己的时日已经不多了。自己就是那个被抓的麒麟，生不逢时，孔子感叹"吾道穷矣"。自己苦苦追求的"仁爱""礼制""小康社会"和"大同世界"，仿佛是沙漠里的海市蜃楼，看着很美，实际上却是个永不可即的虚幻存在。

有一天，孔子对子贡说，没有人理解我，我是孤独的老人了。子贡说，怎么会没有人理解你呢？孔子说，虽然没人了解我，

第九章
守护中国文化的"钢铁侠"

但我不抱怨上天,我也不怪什么人,我努力学习知识,取得了现在的成就,也许只是天才能了解我吧。[1] 晚年的孔子渴望有一个理解他的人。但孔子的痛苦已经无法言说,他向谁倾诉呢?最喜欢的两个弟子先他而去,子贡的工作很忙,经常穿梭于各国之间,办理外交事务,还得抽空做生意赚钱。最有能力的冉求,跟着季康子混,好像和孔子的共同语言越来越少。孔子仿佛看到了自己和弟子们,最后都将走向曲终人散的结局。

孔子开始沉默,变得不想说话了。他对子贡说"予欲无言",连话都不想说了。子贡慌了神,"子如不言,则小子何述焉?""老师您要是不说话了,我们还能转述什么呢?"孔子说,"天何言哉?四时行焉,百物生焉,天何言哉?"[2] "天什么时候说过话?四季照常运行,百物照样生长。天说了什么话呢?"

孔子彻底绝望了,自己崇拜的周公,已经很久没有走进自己的梦境了。"甚矣吾衰也!久矣吾不复梦见周公!"他悲叹,自己已经变得衰弱不堪,很久没有梦见周公了。

公元前479年,鲁哀公十六年。

春天很热闹,但孔子很孤独。

寂寞的孔子拄着拐杖,倚在门口,眼中满是期待。子贡来

---

[1] 见《论语·宪问》。子曰:"莫我知也夫!"子贡曰:"何为其莫知子也?"子曰:"不怨天,不尤人,下学而上达。知我者其天乎!"
[2] 见《论语·阳货》。

了。孔子一看见子贡，就说道："赐啊，你怎么来的这么晚啊？"此刻，孔子的眼中满含热泪。孔子唱了他生命中最后一首歌：

巍峨的泰山，快要崩塌，
国家的梁柱，将要垮下。
失意的哲人，就像衰草，
风霜雪雨中，枯啦烂啦！

他告诉子贡，夏朝人的棺材停放在东面的台阶，周朝人的棺材停放在西面的台阶，而商代人的棺材停放在两个柱子的中间。我梦见我坐在两个柱子之间，那是殷人停尸的地方，我就是殷人的后代呀！贤明的君王怎么一直都不出现，天下竟没有一个人肯接受我的主张，我是活不长了。

孔子病了，七天后，含恨离开了人世。

公元前479年，孔子去世，时年七十三岁。

高山仰止的心灵导师

这个生前困顿、晚景凄凉的老人，却在死后享受了巨大的荣光。

鲁哀公，当时鲁国的国家领导人，就像他的谥号，很哀伤。鲁哀公亲自参加了孔子的追悼会，在遗体告别仪式上，用"诗经体"宣读了一篇悼词：

旻（mín）天不吊（diào），不愁（yìn）遗一老。

第九章
守护中国文化的"钢铁侠"

俾（bǐ）屏余一人以在位,茕茕（qióng）余在疚。

呜呼哀哉尼父!无自律。

用现代诗歌的形式,是这样的:

苍天啊,你真的不好,

带走了,鲁国的国老。

留下我,一个人悲伤萦绕。

孔子啊,我今后向谁请教!

子贡很不满,说他"生不能用,死而诔（lěi）之,非礼也",老师活着的时候,你不任用他,现在却来假装哀悼,这也是无礼的表现。言外之意是,你早干什么来着!

孔子去世后,弟子们还是常常思念孔子。在孔子的弟子中,有若长得最像孔子。弟子们就想把他当成老师来对待。子夏等年轻的学生们都赞成这样做。[1] 只有曾参表示反对,他说,"这样不好,这世间谁能比得上老师呢?老师就像是在江水中洗过,太阳晒过那样的洁白无瑕,谁又能比得上

---

[1] 见《史记·仲尼弟子列传》。"孔子既没,弟子思慕,有若状似孔子,弟子相与共立为师,师之如夫子时也"。司马迁认为有若是因相貌与孔子相似而得到尊奉,这种观点不可信。纪念孔子,最重要的是传承他的思想,孔子的弟子们都是有学问、见识的人,不会因为有若长得像孔子,而像侍奉孔子一样侍奉他。

呢！"[1] 这是学生们对孔子最高的褒奖。

孔子的遗体被葬在山东曲阜城北泗水旁边，浩荡的泗水守护着孔子伟大的灵魂。孔子去世后，弟子们把他当成父亲，为他守墓三年，而子贡则默默地在孔子墓前守卫了六年。鲁国世世代代按时祭祀孔子，儒生们常常在他的墓前演习礼仪，直到汉朝，大史学家司马迁到曲阜考察历史时，还看到了孔子传下来的礼，绵延不绝。

司马迁感慨万端，"太史公曰：《诗》有之：'高山仰止，景行行止。'虽不能至，然心乡往之。余读孔氏书，想见其为人。适鲁，观仲尼庙堂车服礼器，诸生以时习礼其家，余祗回留之不能去云。天下君王至于贤人众矣，当时则荣，没则已焉。孔子布衣，传十余世，学者宗之。自天子王侯，中国言《六艺》者折中于夫子，可谓至圣矣！"[2] 意思是："太史公说：《诗经》上有句话：'巍峨的高山可以仰望，宽广的大道可以循着前进。'我虽然不能到达那里，但是心中一直向往它。我读孔子的书，可以知道他的为人。到了鲁国，看到孔子的祠堂、他的车子、衣服和礼器，许多儒生在他家里按时演习礼仪，我徘徊留恋，舍不得离开。天下的君王以

---

[1] 见《孟子·滕文公下》。昔孔子没，……子夏、子张、子游以有若似圣人，欲以所事孔子事之，强曾子。曾子曰："不可，江汉以濯之，秋阳以暴之，皜皜乎不可尚已。"
[2] 见《史记·孔子世家》。

及贤人是很多的,他们大多是当时的荣耀,死后就完了。孔子是一个平民,传到十几代,读书的人都尊崇他。从天子王侯,到全国研究六经的人,都以孔子的学说作为准则,孔子可以说是道德学问最高尚的人了!"

出身贫寒的孔子,一介布衣的孔子。勤奋好学的孔子,诲人不倦的孔子。困顿一生的孔子,壮志未酬的孔子。

孔子,在中华民族儿女的心里,他是大思想家,引导我们每一个人修身爱人;他是大教育家,让我们感受思想教化的力量。

他是我们每一个人伟大的老师!

今天，我们向孔子学什么

孔子已经离开我们两千五百多年了。斯人已逝，但他的思想永存。作为每个人的老师，孔子的思想，已经融化在我们的血液中，存在于我们的心灵中，沉淀为中华民族的集体性格。他的思想影响着炎黄子孙，他的思想在无形中支配着我们的行为。

历史的车轮，浩浩荡荡行进了五千年。今天的时代，早已不是那个"礼崩乐坏"的时代；今天的中国，早已不是战乱频繁、备受异国欺凌的中国。如今，中华民族已经崛起，中华儿女已经拥有幸福收获自信，并将戮力同心，向着更美好的未来奋进。

当你享受今天美好的生活时，请别忘了历史。我们的民族有过辉煌，也有过磨难；我们的祖国曾无比强大，但也曾病弱不堪。中华民族能历经磨难而在一次次的磨难中"凤凰涅槃"，因为我们拥有一大批孔子这样的"仁人志士"，他们是中华民族的"脊梁",是中华文化的传承者、保护者、再造者。"忘记历史意味着背叛",让我们记住那些光辉的名字,继承他们的理想,传述他们的学说,虽然不一定成为伟大的人,但可以做一个有益于国家和社会的人。

当我们在家享受父慈母爱,在学校享受老师的关爱,享受同学的友谊,我们应该记住孔子,记住这个我们所有人的老师,并力尽所能向他学习。

那么,今天,我们应该向孔子学习什么?

学习他的忧国忧民心怀天下。汉朝哲学家王充,写了一篇《问孔》的文章,对孔子的学说提出了一些疑问,这是一种可贵的怀疑精神,尽管王充对孔子的学说有所质疑,但他对孔子的忧国忧民心怀天下的精神,十分敬佩。他说孔子是"仁圣之人",忧国忧民,不图利害,即使是前途渺茫,他还是"知其不可为而为之"。

孔子为天下无道混乱而忧心忡忡,为黎民百姓生灵涂炭而内心焦虑,他要做拯救天下的人,推行自己的"仁爱"和道德治国的思想,渴望建立一个"让世界充满爱"的"大同世界"。他呼吁统治者要"爱民",减轻百姓负担;他反对非正义的战争,追求平均财富、人心安定与社会和谐。他心怀天下,充满了忧患意识,这是一种伟大的爱国主义精神,他是一个伟大的爱国主义者。

清代伟大的思想家顾炎武说,"天下兴亡,匹夫有责"。

我们是国家的主人,也是民族的未来。学习孔子,就要用我们的行动,爱国爱社会,用每一个人的力量,推动中华民族向更美好的未来前进。

学习他"仁者爱人"的与人为善。孔子的伟大之处,在于他创立了儒家学说,并影响了以后的中国人。儒家学说思想的核心是"爱人"。爱人,就是要求我们心地善良、心存善念,爱自己爱父母,爱老师爱同学,爱朋友甚至关爱陌生人。孔子是个富于同情心的人。看见别人失去了亲人,他也跟着难过;看见身穿丧服的人和盲人,他都要站起来毕恭毕敬地表达同情。虽然自己贫穷,但看见有穷人办不起丧事,他都要拿钱出来帮他们。孔子胸怀宽大,善于换位思考。他说"己欲立而立人,己欲达而达人",要求我们能够视人犹己,由自己之心去理解、推知他人之心,去积极地利人、助人。他还说,"己所不欲,勿施于人",要求我们能够将心比心,对于不愿别人损害自己的思想和行为,自己也不应当以这种思想和行为去损害别人。在孔子看来,我们行仁爱讲道德,不只是为"独善其身",更重要的要"兼济天下"。要做到这一点,我们要在成就自己中去成就别人,完善自己的人格。

学习他"学之不厌""发愤忘食"的勤奋好学。孔子是春秋时期最博学的人,基本上是无所不知的"百度"。但孔子不是天才,他的知识来自于勤奋好学。他说,"我非生而知之者,好古,敏以求之者也"。孔子认为,他不是生来就知道一切的人，只是喜好古代文化，勤奋追求的人。孔子告诉我们，世界上没有天才，如果有天才的话，他们是勤奋好学的人。一个人通过自身的努力，都可以成为有文化的人、有知识的人。

学习他"乐以忘忧"的乐观向上的精神。我国著名思想家胡适先生曾经精准地概括了孔子的一生。"知其不可为而为之，亦不知老之将至。认得这个真孔丘，一部《论语》都可废"。"知其不可为而为之"说的是孔子对理想孜孜以求的决绝；"亦不知老之将至"说的是孔子的乐观精神，不管是岁月走远年华易逝，孔子依然像个年轻人，始终精神饱满充满斗志。孔子的一生，处处充满了挫折。年幼丧父，年少被阳货欺负，成年后从政理想破灭，周游列国备受冷落。屡屡遇险，被别人说成是"丧家狗"，无论是处于何种艰难险阻之中，孔子都能镇定自若而"弦歌不绝"，始终保持着昂扬向上的乐观主义精神。

学习他"三人行必有我师"的"不耻下问"。博学多才的孔子，是"达巷党人"的偶像。"达巷党"这个地方有人说，"孔子真伟大啊！他学问渊博，因而不能以某一方面的专长来称赞他。"孔子谦虚地对弟子们说，"我要专长于哪个方面呢？驾车呢？还是射箭呢？我还是驾车吧。"子贡曾经说孔子"圣人无常师"，也就是说，孔子没有一个固定的老师，他是"三人行必有我师"。他从来不摆架子，任何人有他不知道的知识，他都要认真去求教，哪怕是孩子，哪怕是弟子。有一次，子夏向孔子请教《诗经》中的问题。孔子给他作了解释。聪明的子夏举一反三，认为那首诗歌的背后，蕴含着"仁心"应该先于"礼"的形式。孔子高兴地说，子夏，你给了我很好的启发呀，你可以和我一起谈诗了。[1]

孔子的谦虚，并不是虚伪的表演，而是内心深处真实的想法。他告诉我们，知识的海洋无穷无尽，骄傲自满恰恰是无知的表现，只会让自己故步自封，无法进步。正如孔子所说，"知之为知之，不知为不知，是知也"。[2] 他告诉我们，在求学的过程中，知道就知道，不知道就说不知道，这才是真正的求学态度。

学习他君子"有过即改"善于内省。在学生们的心中，孔子是"圣人"，是无所不能的老师。但孔子不这样想，孔子认为，人人都会犯错。最重要的是，有错就要改正，这样仍然不失为一个君子。孔子欣赏颜回的"不贰过"，不再犯第二次错误。孔子自己也是个勇于承认错误并马上改正的人。陈司败问孔子，鲁昭公是否知礼的时候，孔子故意替鲁昭公掩饰。陈司败当场指出孔子不公正。孔子认识到自己的错误，

---

[1]《论语·八佾》。子夏问曰："巧笑倩兮，美目盼兮，素以为绚兮。何谓也？"子曰："绘事后素。"曰："礼后乎？"子曰："起予者商也，始可与言诗已矣。"
[2] 见《论语·为政》。

他说自己很幸运，一旦有错，就有人帮他指出来。在齐国期间，孔子发表了一些针对宰相晏子的言论，后来孔子认识到错误，亲自上门赔礼道歉，承认错误。孔子还说过，"过而不改，是谓过"，[1]意思是，有了错误而不改正，那才是真正的错误。相反，"过而改之，是不过也"，犯了错误及时改正的话，那就不会再犯错误了。孔子一方面欢迎别人批评自己，另一方面也经常反省自己。用曾子的话说，"一日三省吾身"，每天多次反省自己。孔子说"见贤思齐，见不贤而内自省也"，[2]看见有良好的道德修养的人，就向他学习，看到有缺点的人，就要对照自己是否也有这样的毛病，从而改正自己的缺点。

学习他"富贵于我如浮云"的财富观。孔子很穷，他也想做个有钱人，孔子地位卑贱，他也想做官。《史记》中说，"天下熙熙，皆为利来；天下攘攘，皆为利往"，追求名利地位，是人之本性。重要的是，我们用什么方式得到它。孔子说，"富与贵，是人之所欲也，不以其道得之，不处也；贫与贱，是人之所恶也，不以其道得之，不去也"。[3]意思是，"富和贵，是人们所希望得到的；若不是按正道所取得，这样的富贵是不应该要的。贫和贱，是人们所厌恶的，但假如不是按正道来摆脱贫贱，那宁可不摆脱它"。正如孔子所说，"不

---

[1] 见《论语·卫灵公》。
[2] 见《论语·为政》。
[3] 见《论语·里仁》。

义而富且贵，于我如浮云"，"用不正当的手段，获得的财富，对于我来说，就像易散的浮云一样"。孔子告诉我们，要正确地面对财富，用正当的手段去获取它。

学习他童心天真爱护小动物。孔子是老师，但他不是一个整天板起面孔的老夫子，而是一个充满爱心的人。他对人，充满仁爱，对动物，同样充满爱心。所以说，孔子是动物保护主义者和环保主义者。《论语》上说，"子钓而不纲、弋不射宿"。意思是说，孔子捕鱼的时候，只用鱼钩钓鱼，而不会用网来个"一网打尽"，更不会像我们小时候一样，干脆把水弄干，来个"涸泽而渔"。用箭射鸟的时候，不会去射那些已经归巢休息的鸟儿。用现在理论就是"天人合一"的生态伦理意识，再朴素一点的话，就是我们要学习孔子的这种珍惜环境热心环保的精神。

学习他多才多艺全面强化综合素质。孔子身体强健，在春秋时期，能活到七十多岁，已经是高龄了，这得益于孔子平时的体育锻炼。孔子在学校教授"六艺"，既有文化知识，也有艺术类课程，更有射箭驾车等军事技能。这说明，孔子是个热爱文艺、热爱体育的"阳光大男孩"。孔子射箭技术高超，他曾经带着学生们射箭，当时好多老百姓都来观看，"观者如堵墙"，盛况空前。孔子曾经"不谦虚"地说自己会驾车，可见孔子的驾车技术一流。除了提高身体素质，孔子还全面加强艺术修养。孔子喜欢音乐，更是个造诣深厚的音乐大师，他弹琴技术是大师级别,作词谱曲的水平更高,他编订了《诗经》,为了更加易于传播,他可能为诗经中的诗谱过曲子,他整理了《乐》,他是当之无愧的音乐家、音乐教育家。

孔子的思想,就像浩瀚的大海,他给我们的,一辈子取之不尽。

后记

　　给青少年学生写一本有趣有益、有滋有味的国学普及读物，特别是从青少年学生的视角、用现实社会的语言，写写孔子和《论语》，是我一直以来的愿望。

　　孔子和他所代表的儒家思想，是中国文化的标签，而孔子也是中国人的精神图腾。同时，孔子又是个极其复杂的综合体。他就像"变形金刚"，在中国历史的不同阶段，扮演着不同的角色。春秋时期，孔子是老师，也是个文质彬彬的君子；西汉时代孔子成了圣人；在此之后，孔子跃上了神坛，成了"万世师表"的"教主"。而到了五四时期，孔子因为"吃人的礼教"又成为被打倒的"罪人"。孔子生前命运坎坷，对他的历史评价也有天壤之别。但是，无论历史如何发展，孔子是中华民族心灵导师的地位是不可撼动的。他的思想已经融进了我们的血液，可以说，我们都是孔子的学生。

　　孔子是人类思想史上伟大的思想家、政治家和教育家，形象仿佛很"高富帅"，思想好像很"高大上"，其实，孔子并不是神,他是和我们一样的普通人。在《论语》中,孔子的表达并不高深莫测,而是教我们如何读书做人。他教育我们"仁者爱人",要提升自己,温暖别人。他要我们"己所不欲勿施于人",能够换位思考,推己及人。他追求"文质彬彬,然后君子",要我们外表谈吐优雅有品位,内心充实高尚有道德。他崇尚中庸之道、中和之美,他教我们,做人可以不走寻常路,但不能走极端,因为"过犹不及"。他告诉我们,学习不仅为了增加知识,更是为了增进智慧,而人生的智慧就在于自我完善。就像宋代哲学家张载所说的那样,主要看气质——"为学日益,在自求变化气质"。

因此,孔子的"仁学"就是"人学",是关于人如何自我完善的学说。从这一点来看,孔子一点都不"高冷"。所以,无论人类社会如何发展,即使我们踏上月球,登陆火星,孔子的思想仍将引领我们心灵的方向,并历久弥新。正是鉴于此,本书是把孔子从"神"写成"人",还原一个爱哭爱笑爱幽默、有血有肉有脾气的孔子,一个理想很丰满但现实很骨感的孔子,一个心怀天下苍生却郁郁而终的孔子,一个明知前路坎坷却一往无前执着的孔子,一个可亲可敬可学的孔子,一个真实的孔子。

但是,这项工作非常艰难。

历史和语言的隔阂,让今天的我们再去理解公元前的孔子和他的思想,并不那么容易。而自司马迁开始,无数大师写过孔子,他们的作品早已成为不可逾越的经典。特别是北京师范大学李长之教授的《孔子的故事》,在众多普及读物中,简直就是"神一样的存在"。所以,要在前人伟大的著述中独辟蹊径,实在是"难于上青天"。

不过,周星驰在电影中曾经说过,"做人如果没有理想,那跟一条咸鱼有什么区别",没有人甘心做一条咸鱼。人生总是充满挑战,我们需要挑战精神,即使失败,也是一段难忘的人生历练。所以,我下决心写这本书,向孔子和他的思想致敬,向大师们的作品致敬。而我将用"漫画式"勾勒的笔法,在一段段风趣幽默的故事中,让青少年朋友们,陪着孔子一起哭一起笑,像孔子那样直面苦难,勇敢向前。

在写作本书之前,我在江苏省昆山市一所中学做过问卷调查,我希望知道,在学生们的眼中,孔子是个什么样的人。在分析了几百份问卷后,我欣赏学生们天马行空的想象力,在他们笔下,孔子成了"蜘蛛侠""绿巨人"那样漫画式的人物,他们百无禁忌地调侃、解构孔子。这不是坏事,相反,说明他们希望用不同的视角,不同的阅读体验,近距离观察不一样的孔子。这更加坚定了我写作这本通俗普及读物的决心。

和大师们的作品不同,我想用一种好玩的形式,写一本青少年学生"拿得起、读得懂、放不下"的通俗普及读物。我想绘声绘色地勾勒孔子的一生;我想有滋有味地阐释孔子的思想；我想润物无声地普及中国传统文化。我想用这本书告诉青少年学生，孔子其实很可爱！他不是遥不可及的圣人，而是个平凡的普通人——他比我们强大的原因，也许就在于对理想的执着和坚守，对失败的藐视和自强，对他人和社会浓浓的爱意。而这些，正是我们要向他学习的，而且是可以学习的。

在这本书的写作过程中，正在上六年级的女儿，给了我很大的帮助。为了让这本书更加通俗易懂，我每写完一节，就让她提意见，只有当她告诉我"孔子真好玩"的时候，我才会继续下一节的写作。所以，读者朋友们对此书不必带有畏难情绪，当你捧起这本书时，你会有一段非常美妙的"悦读"的体验。作为一个语言轻松但态度严肃的写作者，我不做取悦青少年学生的"段子手"，也不煲制时下流行的"心灵鸡汤"，否则，这本书将有从"通俗"滑向"庸俗"的危险。我还想将传播思想和普及中国文化知识结合起来。在这本书中，读者将会在一段段有趣的故事中，接受更多的中国文化知识。或许，在某一次重要的考试中，你会用到这些。我更期待家长朋友们，抽出时间来，陪孩子一起读这本书，和孔子对话，与孩子交流，"悦读"孔子，"悦读"论语，越读越有滋味。

人要学会感恩。在这本书的选题、写作和出版的过程中，我得到了很多朋友和老师的帮助。我的大学同学，山东大学博士后、鲁东大学文学院秦跃宇副教授为本书提出了许多建设性的意见。著名儿童文学作家孙卫卫先生,给了我莫大的鼓励。中国孔子基金会传统文化教育分会副会长、陕西孔子学堂推进委员会主任孙润来先生,为本书做了细致的修改。著名先秦史专家、原陕西师范大学校长、现陕西省社科联主席赵世超先生,精心审读了此书并为之作序,修订本书学术上的错误,并给出了很多高屋建瓴的指导意见。陕西未来出版社的编辑马鑫老师和她的同事们,为本书的出版付出了艰辛的努力。

感谢为我提供帮助和指导的良师益友们!

文溪
2016 年 2 月

参考书目

《丧家狗：我读论语》李零著
   山西人民出版社   2007年版

《论语译注》杨伯峻著
   中华书局   1980年版

《史记》
   中华书局   1982年版

《孔子评传》匡亚明著
   齐鲁书社   1985年版

《四书五经》
   中国纺织出版社   2012年版

《孔子传》钱穆著
   生活读书新知三联书店   2012年版

《孔子的故事》李长之著
   21世纪出版社   2011年版

《非常师生——孔子和他的弟子》石毓智著
   商务印书馆   2010年版

《论语别裁》南怀瑾著
   复旦大学出版社   2012年版

《孔子的智慧》林语堂著
　　　　江苏人民出版社　　　　　　2014年版
《论语今读》李泽厚著
　　　　生活读书新知三联书店　　　2008年版
《论语300讲》傅佩荣著
　　　　中华书局　　　　　　　　　2011年版
《人味孔子》 李木生著
　　　　河南文艺出版社　　　　　　2007年版
《旷世大儒孔子》林存光 郭沂著
　　　　河北人民出版社　　　　　　2000年版
《孔子：即凡而圣》赫伯特·芬格莱特著 彭国翔，张华译
　　　　江苏人民出版社　　　　　　2010年版
《和孔子一起微笑：悦读孔子》王谦著
　　　　中国书籍出版社　　　　　　2009年版
《回到思想：从苏格拉底和孔子说起》李玉琪著
　　　　贵州人民出版社　　　　　　2008年版
《中国古代文化知识》徐公，姚兰著
　　　　北岳文艺出版社　　　　　　2014年版